아홉 살에 처음 만나는
신사임당

사진 제공 |
57, 58p 신사임당 〈초충도-가지와 방아깨비, 오이와 개구리, 추규와 개구리, 산차조기와 사마귀, 맨드라미와 쇠똥벌레, 원추리와 개구리, 양귀비와 도마뱀, 오이와 개구리〉 **국립중앙박물관** | 159p 김만덕 **김만덕기념사업관**
23p 오죽헌, 41p 신사임당 동상, 89p 정선 〈인왕제색도〉, 〈금강전도〉, 〈박연폭포〉, 90p 안견 〈몽유도원도〉, 91, 92p 김홍도 〈서당도〉, 〈춤추는 아이〉, 〈씨름도〉, 106p 율곡 이이, 120p 미켈란젤로 〈다비드 상〉, 121p 레오나르도 다 빈치 〈최후의 만찬〉, 158p 첨성대 **위키피디아**

아홉 살에 처음 만나는
신사임당

| 초판 1쇄 인쇄일 | 2017년 1월 11일 | 초판 1쇄 발행일 | 2017년 1월 17일
| 초판 5쇄 인쇄일 | 2022년 5월 4일 | 초판 5쇄 발행일 | 2022년 5월 10일

지은이 | 이미영
일러스트 | 이관수
펴낸이 | 강창용
책임편집 | 강동균
디 자 인 | 가혜순
책임영업 | 최대현

펴낸곳 | 느낌이있는책, 하늘을 나는 코끼리
출판등록 | 1998년 5월 16일 제 10-1588
주 소 | 경기도 고양시 일산동구 중앙로 1233 (현대타운빌) 302호
전 화 | (代)031-932-7474
팩 스 | 031-932-5962
이메일 | feelbooks@naver.com

ISBN 979-11-86966-37-2 73810

* 책값은 뒤표지에 있습니다. * 잘못된 책은 구입처에서 교환해 드립니다.

이 도서의 국립중앙도서관 출판예정도서목록(CIP)은 서지정보유통지원시스템 홈페이지(http://seoji.nl.go.kr)와 국가자료공동목록시스템(http://www.nl.go.kr/kolisnet)에서 이용하실 수 있습니다. (CIP제어번호: CIP2017000682)

 하늘을 나는 코끼리는 느낌이있는책의 어린이책 브랜드입니다.

아홉 살에 처음 만나는
신사임당

이미영 선생님 글 | 이관수 선생님 그림

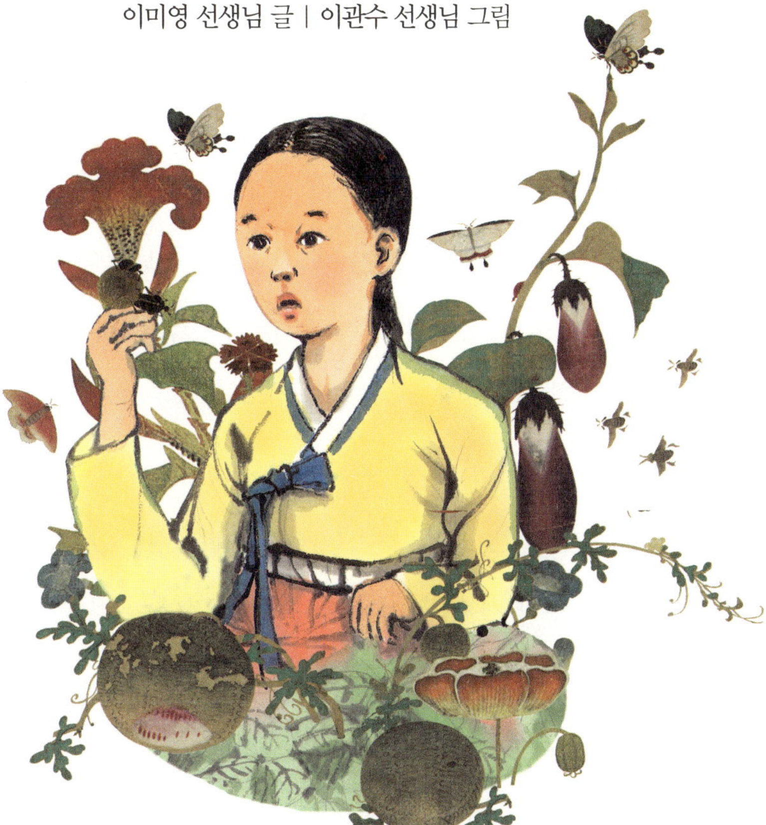

머리말

　여러분은 '신사임당' 하면 첫 번째로 떠오르는 것이 무엇인가요? 아마도 현모양처일 겁니다. 학교나 사회에서 '현모양처' 하면 곧바로 신사임당을 떠올릴 정도니까요. 신사임당이 그린 모든 글과 그림은 그녀가 현모양처라는 사실과 연결지어 설명됩니다.
　왜 이런 일이 생겼을까요? 우리가 잘 아는 율곡 이이 선생이 신사임당의 아들이기 때문입니다. 율곡 이이 선생 또한 아주 훌륭한 분이시지요. 그래서 우리는 신사임당을 그녀의 아들인 율곡 이이 선생과 연결지어 이야기하곤 합니다. 신사임당이 율곡 이이 선생의 어머니이기 이전에 훌륭한 여성이었다는 사실은 잘 알지 못한 채 말이지요.
　신사임당은 조선 시대에 살았던 여성입니다. 지금처럼 여성이

활발한 활동을 할 수 있었던 시대가 아니었지요. 하지만 신사임당은 아이들을 낳고 살림을 하면서도 그림을 그리며 수를 놓고 글씨를 썼습니다. 한 번뿐인 생애에서 자신이 할 수 있는 것은 모두 누리고 싶었던 거지요.

사임당의 가슴은 그 누구보다 뜨거웠습니다. 율곡 이이 선생과 같은 훌륭한 자녀를 멋지게 키워 세상에 내보냈으며 어려운 살림을 하면서도 부모에게 효도를 다 했습니다. 무엇을 보든 그냥 지나치는 법이 없었고 무엇을 생각하든 얕게 생각하는 법이 없었습니다.

여성이었기에 할 수 있는 일이 많지 않았음에도 불구하고 온몸을 불사르며 자신의 예술혼을 당당히 펼친 여성이었습니다. 시대를 앞서간 신사임당은 현재까지도 우리 모두가 충분히 본받아야 하며 또 우리 가슴에 충분히 남을 아름답고도 훌륭한 분이시지요.

율곡 이이 선생의 어머니이기 전에 한 여성이었던 신사임당!

신사임당은 오늘날까지 '율곡 이이의 어머니', '현모양처'로만 기억되었지만 지금 현재를 사는 우리는 신사임당을 누군가의 어머니가 아닌 그녀 자신의 이름으로 기억해야 할 것입니다.

벌레와 노는 아이 ··· 9

꼬마 예술가의 질문
사임당과 율곡 이이 선생이 태어난 오죽헌은 어떤 곳인가요?
또 강릉은 어떤 곳일까요? ··· 22

치마폭에 그린 그림 ··· 25

꼬마 예술가의 질문
사임당의 당호는 어떻게 지었을까요? ··· 40

혼례를 올리는 사임당 ··· 42

꼬마 예술가의 질문
신사임당의 대표적인 그림은 무엇이 있을까요? ··· 55

십 년의 약속 ··· 59

놋 쟁반에 그린 매화 ··· 73

꼬마 예술가의 질문
조선 시대 활약했던 유명한 화가는 누가 있을까요? ··· 88

어머니가 된 사임당 ··· 93
꼬마 예술가의 질문
율곡 이이 선생은 어떤 분이신가요? ··· 106

천재 아이, 현룡 ··· 109
꼬마 예술가의 질문
사임당이 살았던 시기에 다른 나라에서는 어떤 일이 벌어지고 있었을까요? ··· 120

세월은 흘러 ··· 122
꼬마 예술가의 질문
어머니와 아들이 나란히 화폐에 남겨지다? ··· 141

이제 다 내려놓고 ··· 144
꼬마 예술가의 질문
신사임당과 같은 여자 위인은 누가 있을까요? ··· 158

벌레와 노는 아이

"인선아, 지금 뭐 하고 있느냐?"

사임당의 아버지 신명화가 조용히 인선이의 뒤로 다가가 물었습니다.

"……."

이제 일곱 살이 된 인선이는 대답 대신 마당 한쪽 풀숲 사이에 웅크리고 앉아 얼굴을 돌리며 배시시 웃었습니다. 웃는 모습이 얼마나 천진스러운지 아버지는 딸을 보며 너털웃음을 짓고 말았습니다.

어린 인선이는 어머니 이 씨가 찬거리로 심어놓은 몇 그루의 가지 줄기와 고춧대, 호박 넝쿨 등이 무럭무럭 잘 자라고 있는 앞마당을 아주 좋아했습니다. 어제는 줄기에 이슬이 대롱대롱 달린 싱싱한 가지 하나를 뚝 잘라 맛있게 먹기도 했지요.

아버지는 인선이가 뚫어져라 보는 것을 함께 보기 위해 조금 더 다가섰습니다. 딸이 쏙 빠져 있는 것이 뭔지 궁금했거든요. 인선이는 다시 손가락을 꼼지락거리며 쿵쿵거리는 소리를 냈습니다. 담장 너머로 기다렸다는 듯이 파도가 철썩 소리를 내며 물보라를 일으켰습니다. 그 순간 아버지는 딸이 양손에 쥐고 있던 그것을 보고야 말았습니다.

"아니, 그건 벌레가 아니더냐?"

아버지는 깜짝 놀라 두 눈을 휘둥그레 떴습니다. 다른 것도 아닌 모두가 징그러워하는 벌레였지요. 인선이는 아무렇지도 않은 듯 두 손을 번쩍 치켜들며 작은 목소리로 말했습니다.

"아버지, 이 쇠똥구리 좀 보세요! 꼭 갑옷을 입은 것 같지 않나요?"

"허허! 인선아, 징그럽지 않으냐. 다른 아이들은 기겁을 하고 도망가는 것을……."

"아뇨! 여기 좀 보세요. 쇠똥말이는 한 개인데 쇠똥구리는 두 마리가 붙어 있어요. 사이좋게 한 개씩 가져가면 좋겠는데 말이에요. 그래서 제가 궁리하고 있어요. 쇠똥말이를 반으로 나눠 줄까 하고요."

정말로 인선이는 잘 보이지도 않는 쇠똥말이를 뚫어져라 보고 있었습니다.

"허허, 반으로 나눠 준다고? 그런데 얘야, 어머니가 부르시는구나."

"참, 어머니에게 맨드라미를 그려 드리기로 했어요!"

인선이는 그제야 생각났다는 듯이 큰 목소리로 말했습니다.

"네가 꽃을 그린단 말이냐?"

"어제는 쇠똥구리와 나비도 그렸는걸요."

"허……."

아버지는 딸 인선이의 말에 그만 말문이 막혀 버렸습니다.

'이 아이는 경전*만 빨리 깨치는 줄 알았더니 그림에도 재능이 있구나. 비록 아들은 아니지만 가르치는 재미가 나는 아이

---

* **경전** : 성인이나 현인이 지은 또는 그들의 말이나 행실을 적은 책입니다.

야. 기특하구나……'

다섯 자매 중 둘째인 인선이는 누가 봐도 특별한 아이였습니다. 그래서 그런지 부모는 인선이에게 더욱 각별한 사랑을 주었지요. 인선이는 가르쳐 주는 대로 잘 이해했고 늘 속이 꽉 찬 대답을 했습니다. 글씨와 자수 솜씨 또한 뛰어났지요.

쇠똥구리 두 마리를 조심스럽게 땅에 풀어 준 인선이는 두 손에 묻은 흙을 툭툭 털며 소리쳤습니다.

"아버지, 어서 들어가요!"

"얘야, 그렇게 뛰어가다 넘어질라!"

"그럼 아버지랑 같이 갈래요!"

인선이가 떠난 마당에는 여전히 여치가 뛰어놀고 하늘에는 잠자리가 날아다니고 있었습니다. 이번에도 아버지는 대답 대신 인선이의 손을 꼭 쥐며 웃었습니다.

가만히 있어도 땀이 저절로 나는 한여름 오후입니다. 인선이는 종이를 펼쳐 놓고 앉아 무엇인가에 몰두해 있습니다. 자그마한 이마에는 구슬 같은 땀이 송골송골 맺혀 있습니다.

'모두 내 안에 넣고 싶어!'

하찮은 곤충인 쇠똥구리도 인선이는 놓치고 싶지 않았습니다. 그냥 스쳐 지나가 버리기에는 너무도 신기했고 아름다웠습니다. 그래서 곤충이며 꽃이며 채소 등을 화선지에 그렸습니다. 그것이 곧 자신이 품은 마음이었기 때문이지요.

인선이는 붓을 들어 그림을 그리기 시작했습니다. 자그마한 손에 들린 붓은 한 치의 떨림 없이 선을 내리그었습니다. 또 힘이 들어가는 곳에서는 날개를 단 듯 거침이 없었습니다. 담장 너머에선 파도가 평소처럼 물보라를 일으키고 있었지만 어쩐 일인지 사방이 고요했습니다.

어느새 조그마한 인선이의 입술에서 작은 탄식이 흘러나왔습니다. 그러자 화선지 위로 윤기가 나는 시커먼 쇠똥구리와 붉은 술을 펼쳐 보이는 맨드라미가 나타

났습니다. 조금 있으려니 그 옆으로 나비 세 마리가 떼를 지어 날아다녔습니다. 화선지 속에서 가볍게 나풀거리는 나비의 날갯짓은 황홀하기까지 했습니다.

그때였습니다. 어머니가 조용히 인선이를 불렀습니다.

"인선아!"

화선지 앞에서 미간을 찡그리며 앉아있던 인선이는 가만히 고개를 들었습니다. 어머니 목소리 곁에서 또 다른 사람의 인기척을 느꼈기 때문이지요. 아버지였습니다. 한양에 일을 보러 갔던 아버지가 돌아오신 겁니다.

"아버지!"

인선이는 아버지가 팔을 펼치기도 전에 아버지 품에 와락 안겼습니다. 아버지도 인선이의 뺨을 한 번 쓰다듬더니 작은 뒤통수를 가만히 어루만지며 말했습니다.

"허허, 인선아. 아비가 그렇게 보고 싶었느냐?"

인선이는 고개를 들며 작은 목소리로 대답했습니다.

"오랫동안 아버지를 기다렸습니다."

"오호, 우리 인선이가 아비를 기다렸다고?"

"네, 아버지!"

"그래, 무슨 일로 그렇게 기다렸느냐?"

"아버지는 저와 약조를 하셨습니다. 한양에 다녀오실 때 꼭 좋은 선물을 사다 주신다고요."

인선이는 빙그레 웃으며 말했습니다. 아버지는 그런 딸이 귀엽기도 했지만 한편으로는 놀려 주고 싶은 마음도 생겼습니다. 딸과 남편의 대화를 듣고 있던 어머니는 시원한 식혜와 약과를 가져왔습니다.

"그래, 뭐가 갖고 싶더냐?"

"제가 뭐가 갖고 싶은지는 아버지가 더 잘 알고 계시잖아요!"

인선이의 야무진 말에 아버지는 다시 웃음을 터트리고 말았습니다.

"허허. 그동안 아비가 구하기 힘든 귀한 책이며 좋은 물감을 사다주지 않았느냐, 그런데 뭐가 더 필요하느냐?"

"아버지, 너무하세요!"

인선이는 고개를 옆으로 돌리며 비죽 입을 내밀었습니다. 그런데 어쩐 일로 어머니는 웃고 있었습니다. 평소 같았으면 버릇없다며 호되게 혼을 냈을 텐데 말이지요. 그리고는 비단으로 싼 꾸러미를 인선이 앞으로 내밀었습니다.

"어머니, 제가 생각하는 게 맞지요?"
인선이는 활짝 웃으며 어머니에게 물었습니다.
"어서 풀어 보아라. 아버지가 이것 때문에 한걸음에 달려오셨느니라."

어머니는 잠시 딸을 향해 눈을 흘기더니 이내 웃으며 대답했습니다.

붉은 보자기에 몇 겹으로 싸인 물건은 다름 아닌 그림이었습니다. 그런데 그 그림은 흔한 **민화***가 아니었습니다.

"아, 이건……."

그림을 보고 놀란 어머니는 남편 신명화를 바라보았습니다. 그림이 다름 아닌 그 유명한 안견의 그림이었기 때문이에요. 안견은 이미 조선 최고의 화가로 인정받고 있었지요. 궁궐에 살고 계신 임금님도 안견의 그림을 가장 좋아하셨습니다. 사정이 이러하니 안견의 그림값은 어마어마했지요. 지체 높은 양반들도 안견의 그림을 사기 힘들었거든요.

"이 비싼 그림을 사 오신 거예요?"

어머니 이 씨는 놀라 다시 한 번 남편을 보며 물었습니다.

"허허, 비록 **모조품***이지만 우리 인선이가 그렇게 갖고 싶어 하니 비슷한 것이라도 사올 수밖에……."

---

* **민화** : 실용이나 장식을 목적으로 그린 그림입니다. 소박하고 파격적이며 익살스러운 것이 특징이지요.
* **모조품** : 다른 물건을 본떠서 만든 물건입니다.

"모조품 족자*도 값이 꽤 나가잖아요."

"괜찮대도 그래요. 인선이가 저렇게 좋아하지 않소."

아버지의 힘 있는 한 마디에 어머니 이 씨는 곧 말을 아꼈습니다. 누구보다 인선이를 사랑하는 남편의 마음을 잘 알고 있었기 때문이지요.

인선이는 부모님의 대화는 아랑곳하지 않았습니다. 그저 멀리서 온 안견의 그림에 마음을 쏙 빼앗겨 그림만을 보고 있었지요.

"인선아, 그림은 마음에 드느냐?"

아버지가 묻자 인선이는 기다렸다는 듯이 아버지 품에 안기며 소리쳤습니다.

"아버지, 두고두고 아버지 은혜는 잊지 않을 거예요!"

아버지 신명화는 잘 알고 있었습니다. 눈썰미가 좋은 딸 인선이 제법 실감 나게 그림을 그린다는 사실을요. 인선이는 하루도 쉬지 않고 그림을 그렸습니다. 안견의 그림은 이미 인선이의 그림 선생이 된 지 오래였답니다.

---

* **족자** : 그림이나 글씨 따위를 벽에 걸거나 말아 둘 수 있도록 그림의 뒷면이나 테두리에 종이나 천을 바르고 양 끝에 가로로 나무를 댄 것입니다.

"인선아, 좀 쉬면서 그려라. 넌 배고프지도 않니?"

하루는 첫째 언니가 걱정스럽게 물었습니다. 인선이는 오히려 눈을 반짝이며 말했습니다.

"언니 먼저 드세요. 온종일 바람 소리며 파도 소리를 들으니 배고픈 줄도 모르겠어요."

"인선아, 그건 말도 안 되는 소리다. 아무리 이곳 풍경이 아름다워도 그렇지. 어째 풍경만 먹고 사니?"

결코 일곱 살 난 아이가 할 수 없는 소리였지만 이내 언니는 고개를 끄덕이며 말했습니다.

"맞다, 내가 널 탓해서 뭐하겠니? 그림이나 마저 마쳐라. 내가 상을 이리로 가져오마."

당돌하고 야무진 인선이를 말릴 사람은 집안 어디에도 없었습니다. 또 인선이 빠져 있는 세계 또한 쉽게 다가갈 수 없었습니다. 하지만 단 한 가지 사실만은 분명했습니다. 인선이가 천재적인 재능을 타고났다는 사실은요.

꼬마 예술가의 질문

사임당과 율곡 이이 선생이 태어난 오죽헌은 어떤 곳인가요? 또 강릉은 어떤 곳일까요?

우량강원도 강릉시 죽헌동에 가면 사임당과 사임당의 아들 율곡 이이 선생이 태어난 오죽헌이 있습니다. '오죽(烏竹)'이란 검은 대나무라는 뜻인데 이 오죽이 주변에 많이 심겨 있어 '오죽헌(烏竹軒)'이란 이름이 붙었지요.

1963년 1월 21일에 보물 제165호로 지정된 오죽헌은 조선 중종 때 지어졌는데 한국 주택 건축 중 가장 오래된 건물에 속합니다.

오죽헌은 정면 3칸, 측면 2칸의 단층 팔작지붕 양식으로 지어진 집입니다. 오죽헌을 정면에서 보면 왼쪽 2칸은 대청이고 오른쪽 1칸은 온돌방인데 그 온돌방에서 대학자 율곡 이이 선생의 어머니인 사임당이 용꿈을 꾸고 율곡 이이를 낳았다고 해서 '몽룡실'이라 부르지요.

그리고 뜰에는 배롱나무가 심어져 있는데 나이가 무려 600살이 넘는다고 합니다. 대단하지요? 이 배롱나무를 신사임당과 율곡 이이 선생이 만졌을 거라 생각하면 더욱 감회가 새롭습니다.

　　오죽헌을 다 보셨으면 바로 옆에 있는 오죽헌 시립박물관(http://ojukheon.gangneung.go.kr/)에도 꼭 가 보세요. 율곡 선생의 유품과 함께 신사임당을 비롯한 큰딸 매창, 막내아들 옥산 이우 등 사임당 일가의 품격 높은 작품들이 전시되어 있습니다. 그뿐만 아니라 강릉을 중심으로 한 영동지방의 향토 사료가

오죽헌

함께 전시되어 옛 조상들의 생활상을 한눈에 살펴볼 수 있습니다.

그럼 강원도 강릉은 어떤 도시일까요? 휴양지로도 유명한 강릉은 강원도 동해안 중부에 있는 영동 지방 최대의 도시입니다. 고구려 시대에는 '하슬라'라고도 불렸습니다. 강릉은 산과 바다를 모두 가진 도시인데 서쪽으로는 웅장한 태백산맥이 뻗어 있고 동쪽으로 동해가 펼쳐져 있습니다. 아름다운 산과 바다를 갖고 있어 휴양지로도 유명하지요. 또 수심이 깊고 계절에 따라 한류와 난류가 흘러 어족이 풍부합니다. 2018년에는 동계 올림픽과 동계 패럴림픽 빙상 종목 전 경기가 개최될 예정이기도 하지요.

산과 바다를 갖춘 강릉의 풍경

2018년 동계올림픽 개최될 예정

치마폭에 그린 그림

　어느덧 인선이도 훌쩍 자라 수줍게 웃을 줄 아는 처녀가 되었습니다. 바깥출입은 자주 하지 않았지만 인선이의 소문은 이미 강릉에 자자했지요. 글이면 글, 그림이면 그림 못 하는 것이 없었으니까요.
　하지만 인선이는 답답했습니다. 자신이 태어나 자란 오죽헌도 좋았지만 파도가 일렁이는 바닷가로 나가 온종일 바다 구경도 하고 싶었고 소나무가 우거진 숲도 걷고 싶었습니다. 하루는 인선이가 수를 놓다 말고 어머니를 물끄러미 쳐다보며 물었습니다.

"어머니는 답답하지 않아요?"

"갑자기 웬 뜬금없는 소리니?"

어머니가 눈을 동그랗게 뜨고 물었습니다.

"사내들은 밖으로 나가 종일 들이며 산으로 돌아다니잖아요. 그런데 여자들은 집 안에서 바느질이나 하고 있고……. 그래서 조금 답답하옵니다."

이번에는 외할머니가 물었습니다.

"인선아, 넌 왜 글이며 그림을 배우느냐?"

외할머니의 물음에 인선이는 기다렸다는 듯 대답했습니다.

"글을 쓰고 그림을 그리다 보면……, 조금이나마 세상이 보여요. 아무것도 하지 않고 가만히 있으면 그 무엇도 보이지 않아 답답한데 제가 좋아하는 것을 하다 보면 이 세상이 조금 더 넓고 때론 깊게 느껴져요."

언제나 당당한 인선이였지만 외할머니 앞에서는 더욱 야무지게 대답했습니다. 인선이는 부모님만큼이나 외할머니를 존경하며 사랑했지요.

인선이의 아버지 신명화는 부인을 자신이 태어나 살던 한양 집으로 데려가지 않았습니다. 대신 자신이 16년 동안 서울과 강릉을 오가며 생활했지요.

처음부터 그랬던 것은 아닙니다. 처음 혼례를 올린 뒤 부인 이씨는 서울로 올라가 시부모님을 모셨지요. 그러던 중 강릉의 친정어머니가 병에 걸렸다는 소식을 듣고 시댁의 허락을 받아 이곳 강릉으로 내려오게 되었습니다.

그때부터 강릉에서의 생활이 시작되었습니다. 인선이의 어머니 이 씨는 외동딸이었기 때문에 어머니 간호를 해야 했거든요. 물론 남편 신명화도 허락했습니다. 늙고 병든 어머니를 혼자 두고 떠날 수 없다는 부인의 간절한 부탁을 흔쾌히 들어주었지요. 그래서 인선이는 친가보다는 외가 식구들과 더 가까웠습니다. 이곳 오죽헌에서 태어나기도 했으니까요.

인선이의 대답을 들은 할머니는 바늘을 놓으며 빙긋 웃었습니다.

"네 생각이 옳다. 여자라고 마음속 생각을 꼭꼭 담아 놓는 것은 옳지 않아. 행동으로도 충분히 보일 수 있지만 반드시 말로 전해야 하는 것도 있는 법이니라. 그리고 어느 규수 집 여자가 너처럼 당차게 말할 수 있겠느냐. 인선아, 앞으로도 네가 할 수 있는 일들을 해 나가며 너만의 세상을 만들어 보아라."

"제 세상이요?"

"사내에게만 제 세상이 있겠느냐? 아녀자도 자신만의 아름다운 세상을 만들 수 있느니라."

이제 인선이는 수틀을 치마폭에 내려놓고서는 외할머니에게 더욱 바짝 다가갔습니다.

"할머니, 제가 할 수 있을까요?"

"대신 행동이 모범이 되어야 하느니라. 우선은 몸가짐을 바로 한 뒤 말을 해야 한다. 그래야만 네 뜻을 옳게 전할 수 있으니까 말이야."

인선이는 안도의 한숨을 쉬며 빙긋 웃었습니다. 외할머니와 외할아버지 그리고 부모님이 인선이와 자매 넷을 글공부에 전념할 수 있게 만든 이유에도 모두 이와 같은 뜻이 있었다는 것을 알았거든요.

조선에서는 아녀자가 글공부를 하며 시를 짓는 집은 흔치 않았습니다. 하지만 인선이가 사는 집은 아녀자에게도 학문이 열려 있었습니다. 그래서 인선이는 아름다운 자연과 어른들의 가르침 속에서 세상의 이치를 하나씩 깨달아 갔습니다.

어른들은 항상 인선이에게 말했습니다. 배움이 있어야 생각이 생기고 생각을 해야 원하는 것을 할 수 있다고요.

"할머니, 전 그래서 할머니가 좋아요."

인선이의 마음은 날아갈 듯 가벼워졌습니다.

"인선아, 넌 나보다 네 아비를 더 좋아하지 않느냐?"

"아버지는 멀리 한양에 계시잖아요. 보고 싶어도 매일 볼 수도 없고요."

"아비가 들으면 얼마나 섭섭할꼬?"

"걱정하지 않으셔도 돼요. 이번에 안견 그림을 다시 사다 주시면 아버지를 더 많이 그리워했다고 말하려고요."

"뭐?"

인선이의 외갓집은 풍족한 양반집은 아니었지만 자녀 교육에는 열의를 다했습니다. 사내가 아닌 계집이라고 해서 차별하지도 않았습니다. 다섯 자매 중 글공부가 싫다며 도중에 포기한 자매도 있었습니다. 하지만 인선이는 포기는커녕 글이면 글 그림이면 그림 모두 성심성의껏 배우며 하나라도 더 깨우치기 위해 매달렸습니다.

다음 날 아침이 되었습니다. 인선이는 곱게 머리를 빗고는 동백꽃만큼 붉은 비단 치마를 꺼내 입었습니다. 평소에는 잘 입지 않던 옷이었지요.

"오랜만의 바깥출입이니 몸가짐을 조심하여라."

어머니 이 씨가 인선이의 옷매무새를 다시 한 번 챙겨 주며 말했습니다. 인선이는 대문 밖을 나서자마자 크게 한숨을 쉬며 중얼거렸습니다.

"아, 바다 냄새! 집에서 맡는 바다 냄새와 문밖에서 맡는 바다 냄새는 확실히 다르구나……."

깊은 인선이의 눈 속에는 이미 강릉 앞바다의 일렁임과 생기가 녹아들어 있었습니다. 인선이는 부지런히 소꿉친구인 정인의 집으로 향했습니다. 오늘은 정인이 혼인을 하는 날이었지요.

늘 그랬지만 잔칫집은 사람들로 넘쳐났습니다. 음식을 하는 사람들이 있는가 하면 짐을 나르는 짐꾼들과 여기저기 뛰어노는 아이들로 인해 집 안은 북새통을 이루고 있었습니다. 사람들은 잔칫집의 흥겨움에 모두 들떠 있었습니다. 그동안 못다 한 이야기를 나누는가 하면 신랑 신부의 모습을 훔쳐보며 제각각 소곤거렸지요.

"신랑이 장군감이다, 장군감이야!"

"그러게요. 과거 시험만 떡! 붙으면 부러울 게 없겠어요!"

"각시도 어쩜 저리 고와요. 신랑 입이 귀에 걸렸어!"

아녀자들만 모여 있는 방도 조용하지 않았습니다. 평소 보지 못했던 벗들이 모여 그동안 나누지 못한 이야기를 하느라 왁자지껄했지요. 인선이는 가만히 앉아 듣는 것만으로도 즐거웠습니다. 사람 냄새 나는 잔칫집도 좋았지만 세상 돌아가는 이야기를 듣는 것도 흥미로웠지요.

"곰례야, 떠들지만 말고 어서 나와 일 좀 도와라!"

부엌에서 커다란 나무 국자를 든 아주머니가 나와 구석에서 다른 처녀와 이야기를 나누던 한 처녀를 불렀습니다.

"예, 나가요. 아주머니!"

곰례는 아주머니가 부르자 발딱 일어나 부엌으로 쪼르르 뛰어나갔습니다. 부엌에서는 분주하게 음식 만드는 소리와 함께 웃음소리가 섞여 더욱 흥이 무르익고 있었습니다.

그런데 얼마 뒤 와장창 그릇이 깨지는 소리가 났습니다.

"에구머니, 이게 무슨 소리야?"

모두 소리치며 일어나 부엌으로 나갔습니다. 부엌은 그야말로 아수라장이었습니다. 맛난 음식으로 정성껏 차린 음식상이 엎어져 김치 보시기*며 전을 담은 그릇과 나물 접시가 깨져 난장판이었지요. 그 앞에서 한 처녀가 발을 동동 구르며 울고 있었습니다.

"아이고, 어째! 아이고 이를 어째!"

곰례란 처녀였습니다.

"곰례야, 다치진 않았니?"

"조심 좀 하지!"

몇몇 아주머니가 곰례에게 다가가 잔소리를 했습니다. 하지만 곰례는 잔소리와는 상관없이 입고 있는 치마를 부여잡고는 울

---

* **보시기** : 김치나 깍두기를 담아 먹는 작은 사발 모양의 그릇입니다.

음을 터트리고 말았습니다.

"큰일이야, 큰일! 이 일을 어쩌면 좋아!"

"왜 그러니? 치마에 음식이 묻어서 그래?"

곰례의 친구 수경이 다가가 물었습니다.

"오늘 여기 오려고 치마를 빌렸는데……, 이 귀한 치마를 버렸으니 나는 어쩌면 좋아!"

"아니, 네 치마가 아니라고!"

"그래, 내 치마가 아니야!"

"이를 어쩌니! 큰일이구나……."

곰례는 가난한 집 처녀였습니다. 잔칫집에 오고 싶어 귀한 비단 치마를 이웃에게 빌려 입고 온 거예요. 분명 처녀들 모두가 옷 자랑을 할 텐데 자신만 혼자 검은 무명치마를 입고 가고 싶진 않았지요.

"아휴, 조심 좀 하지."

곰례는 창피한 줄도 모르고 바닥에 주저앉아 흐느꼈습니다. 그때 조용히 인선이 다가가 말했습니다.

"누가 사랑방에 가서 붓과 먹을 좀 갖다 주세요."

"아니, 그건 뭐하게?"

한 처녀가 물었습니다.

"제게 방법이 있어 그래요."

곧 인선이는 음식물이 묻은 치마를 바닥에 펼쳐놓고는 자리에 앉아 붓을 들었습니다. 그러고는 붓에 먹을 듬뿍 묻혀 점 하나를 찍었습니다.

영문을 몰라 숨을 죽이고 있던 사람들이 여기저기서 소리쳤습니다.

"에구구, 이게 무슨 일이야!"

"저러다 치마를 더 버리겠어."

"뭘 하고 있어요? 어서 저 처녀를 말려요!"

곰례 역시 얼굴이 하얗게 질려 안절부절못했습니다. 그러나 인선이의 얼굴은 평온할 뿐이었습니다. 잠시 잠깐 곰례와 눈이 마주쳤지만 그저 빙긋 웃었지요. 붓은 거침이 없었습니다. 하나의 점은 금세 작은 알맹이들로 이어져 보기에도 탐스러운 포도로 바뀌어 가고 있었습니다.

"저, 저건……, 포도잖아."

곰례가 중얼거리자 모두가 고개를 끄덕이며 인선이를 바라보았습니다.

인선이는 사람들의 눈길과 재잘거림에도 한 치의 흔들림이 없었습니다. 입은 다물고 있었지만 눈은 빛났으며 붓을 든 손은 정확하면서도 거침이 없었습니다. 이미 인선이는 풀벌레, 포도, 매화, 난초 등을 셀 수 없을 만큼 그렸기에 어려울 것 없는 그림이었지요.

"곰례야, 이 치마를 장에 내다 팔면 새 비단 치마를 사서 친구에게 갚을 수 있을 거야."

치마폭에는 먹빛 윤기가 나는 포도가 그려져 있었습니다. 얼마나 씨알이 굵고 탱탱한지 검자줏빛 포도는 보고만 있어도 침이 고일 정도였지요. 곰례의 눈에 다시 눈물이 맺혔습니다.

"난 치마를 버리는 줄 알고 속으로 원망했는데……, 고마워요. 이렇게 멋진 그림을 그려 주다니……."

인선도 처녀를 도와 기뻤지만 곰례는 그야말로 다시 살아난 기분이었습니다. 하마터면 큰돈을 물어줄 뻔했으니까요.

시끌벅적한 잔칫집을 나오자 어느새 해가 기울고 있었습니다. 친구를 도운 뒤 집으로 향하는 인선이의 발걸음도 새털만큼 가벼웠습니다.

"아침 공기도 상쾌하지만 저녁 공기도 참 시원하구나."

이번에는 병풍처럼 펼쳐져 있는 대관령 쪽에서 바람이 불어왔습니다. 대문을 들어서자 언니가 나와 반기며 말했습니다.

"그래, 잔칫집에서 즐겁게 놀았니?"

인선이는 언니의 손을 잡으며 대답했습니다.

"잔칫집도 재미났지만 그것보단 재미나지 않았어요."

언니는 궁금하다는 듯이 인선이를 보며 물었습니다.

"잔칫집보다 더 재미난 게 있다고? 어서 말해 보아라. 그게 대체 뭐니?"

 인선이는 살짝 웃으며 대답했습니다.

"그림 그리고 책 읽는 것보단 덜 재미나더이다."

"인선이 넌 정말 못 말리는 애구나!"

"좋아하는 걸 좋아한다고 말하는 게 이상해요?"

"아니다, 네가 부러워서 그렇다!"

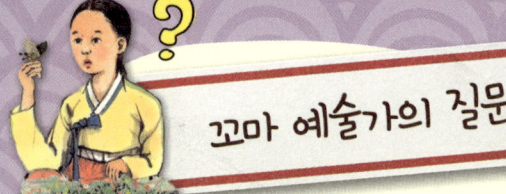

꼬마 예술가의 질문

사임당의 당호는 어떻게 지었을까요?

사임당은 1504년 10월에 태어났습니다. 이름은 어질 '인(仁)'과 착할 '선(善)'을 써서 '인선'이라 불렀는데 어질고 착하게 자라라는 뜻을 담고 있지요.

지금은 남자, 여자 모두 이름을 부르지만 여성의 지위가 남자만큼 높지 못했던 유교 국가인 조선에서는 여성을 이름 대신 성씨로만 불렀습니다. 여성은 어린 시절에는 이름으로 불리고 혼례를 올린 뒤에는 성 앞에 본관을 붙여 전주 이씨, 김해 이씨 등으로 불렸지요. 그래서 사임당의 아버지 신명화의 이름은 남았지만 어머니 이 씨의 이름은 남지 않은 거랍니다.

하지만 양반 집안에서는 여성이 당호를 짓는 경우도 있었습니다. 당호란 이름 대신 부르는 칭호입니다. 지금은 들을 수 없는 낯선 칭호이지요. 옛날에는 사람의 이름을 직접 부르는 것은 예의에 어긋난다고 여겼습니다. 그래서 지체 높은 집안의 여성들은 이름 대신 당호로 불리곤 했어요. 이 당호는 보통 스무 살이 넘으면서

부터 썼습니다. 그래서 사임당도 커서는 인선 대신 사임당이라 불렸지요.

그렇다면 신사임당의 당호는 어떻게 생겨났을까요?

사임당은 어려서부터 문왕의 어머니인 태임을 존경했습니다. 문왕은 중국 주나라의 기반을 다진 왕이지요. 태임은 성군의 어머니답게 자식 교육에 많은 힘을 썼다고 합니다. 그래서 사임당 또한 자식 교육에 관심이 많았던 걸까요?

신사임당(申師任堂)은 본받는다는 뜻에서 스승 '사(師)' 자를 넣고 존경하는 태임의 이름에서 '임(任)' 한 글자를 가져왔습니다. 마지막으로 당은 당호이기에 '당(堂)' 자를 넣었지요.

신사임당 동상

혼례를 올리는 사임당

"여보게, 자네에게 긴히 할 말이 있네."

신명화는 사위 될 이원수를 앞에 앉혀 놓고 입을 열었습니다.

"네."

이원수는 가슴을 졸이며 다음 말을 기다렸습니다. 장차 자신의 부인이 될 사임당의 아버지 신명화는 이미 많은 사람의 입에 오르내리고 있는 훌륭한 분이셨지요. 주변의 모든 사람에게 어진 선비로 평가받고 있었습니다. 게다가 조정* 신하들의 추천으로 높은 벼슬을 얻을 수도 있었지만 신명화는 남들이 그렇게 바라고 원하는 벼슬도 사양했습니다. 간신과 **탐관오리***들에게 휩싸이기 싫어 그저 묵묵히 제 갈 길을 가는 학자의 걸음을 택했지요.

"자네도 잘 알 것이네. 나에게는 딸이 다섯 있다네. 그런데 다른 딸들은 시집을 가도 그리 서운하지 않은데 둘째인 인선이는 그렇지 않다네. 내가 너무도 아끼기에 평생 곁에 두고 싶은 아이란 말이지."

"네……."

"자네 생각은 어떤가?"

"……."

이원수는 말없이 생각에 잠겼습니다. 물론 어르신의 말에는 곧장 대답해야 했지만 쉽게 답할 수 없는 질문이었지요.

'어머니도 한양에 혼자 계셔 내가 혼인을 한 뒤 이곳에 내려와 살면 어머니가 몹시 서운해하실 텐데 어쩌지…….'

그러나 한편으로는 장인이 될 신명화의 말도 이해가 되었습니

---

* **조정** : 임금이 나라의 정치를 신하들과 의논하거나 집행하는 곳입니다.
* **탐관오리** : 백성의 재물을 탐내어 빼앗는 행실이 좋지 못한 관리를 말합니다.

다. 신명화 역시 한양인 본가와 강릉 처가를 오가며 지냈기 때문이지요.

"아버님의 뜻 잘 알겠습니다."

이원수는 신명화를 바라보며 말했습니다.

"그래, 이해한다니 고맙네. 그럼 앞으로 어떻게 할 생각인가?"

"지금 바로 대답을 하기는 어려우나 아버님의 깊은 뜻을 헤아려 행동하도록 하겠습니다."

"인선이를 부탁하네……."

"네, 알겠습니다. 장인어른……."

조선은 유교를 국가이념으로 내세워 세운 나라입니다. 유교는 나라에 충성하고 부모에게 효도하기를 가르치고 있습니다. 또 사람들 사이에서도 예의를 중요시하고 있지요.

하지만 유교는 철저한 남성 중심 사상입니다. 여자는 그 중심에 껴서도 안 됐고 낄 수도 없었지요. 남자가 있어야만 여자가 존재했고 또 여자는 남자에게 모든 것을 맡겨야 했습니다. 또 여자는 집 안에서만 활동해야 했고 밖에서의 생활과 활동은 꿈도 꿀 수 없었습니다. 여성 대부분은 집안을 지키며 후손을 낳아 기르는 역할을 할 뿐이었지요.

그러나 사임당이 자란 친정집은 유교 사상과는 거리가 멀었습니다. 아버지 신명화가 부인 이 씨를 존중했기에 외동딸이었던 이 씨는 친정집에서 부모님을 모시며 편히 살 수 있었습니다. 시댁에서의 고된 시집살이도 면할 수 있었지요.

1522년, 사임당은 열아홉 살의 나이로 이원수와 혼례를 올렸습니다. 이원수는 사임당보다 세 살이 많은 한양 사람이었습니다. 덕수 이 씨인 이원수는 여섯 살에 아버지를 여의고 홀어머니 밑에서 힘들게 자랐지요.

이원수는 사서오경*까지 다 깨우친 사임당만큼 공부를 하지 못했습니다. 예술에 관심도 없었지요. 하지만 늘 사람 좋은 웃음을 짓고 다니는 정이 많은 사람이었습니다.

"드디어 둘째 딸 인선 아씨가 시집을 가는구나!"

"그러게요. 근데 워낙 효심이 깊어 부모님 곁을 떠나기 쉽지 않을 거예요."

"그래도 결혼도 안 하고 늙어갈 수는 없잖아. 그거야말로 부

---

* **사서오경(四書五經)** : 유학 입문의 기본서인 사서와 오경을 아울러 이르는 말로, 《논어》, 《맹자》, 《중용》, 《대학》의 네 경전과 《시경》, 《서경》, 《주역》, 《예기》, 《춘추》의 다섯 경서를 말합니다.

모님께 불효하는 거니까……."

동네 사람들은 인선이 혼례를 올린다는 소식을 듣고 모두 모였습니다. 하늘도 오늘이 어떤 날인지 알고 있나 봅니다. 쾌청한 하늘에는 기분 좋은 산들바람이 불어 세상을 기분 좋게 간질이고 있습니다.

사임당은 몸이 아픈 아버지와 어머니를 떠나 시집을 간다는 사실이 몹시 슬펐습니다. 바로 위에 있는 첫째 언니도 시집을 갔는데 자신마저 집을 떠나면 부모님 마음이 얼마나 허전하실까 하는 생각에 잠도 제대로 이루지 못했습니다.

태어나 처음 본 남편 이원수는 사임당과는 달리 허허거리며 웃고 있었습니다. 국화꽃처럼 맑고 단아한 예쁜 새색시를 보니 얼마나 좋았을까요. 이원수는 사임당이 마음에 쏙 들었습니다. 얼굴도 예뻤지만 초롱초롱하고 맑은 눈이 다른 처녀와는 달라 보였지요.

사람들은 한목소리가 되어 신랑과 새색시를 칭찬했습니다.

"인선 아씨 좀 봐! 너무 예쁘구나!"

"그러게, 새신랑 얼굴 좀 봐! 얼마나 좋으면 입이 귀에 걸리겠어."

"하긴 인선 아씨가 보통 색시야? 얼굴만 예쁜 것이 아니라 마음씨도 곱고 또 글이면 글 그림이면 그림……, 못하는 게 없잖아."

"그러게, 아들 열을 보태도 저런 딸 하나는 얻기 쉽지 않을 거야."

이야기하지 않아도 강릉에 사는 사람들은 인선이의 총명함과 비범함을 모두 알고 있었습니다. 또 한편으로는 인선이가 남자가 아닌 여자로 태어나 사내대장부처럼 밖에서 큰일을 할 수 없는 현실을 안타까워하기도 했지요.

사임당은 많은 사람의 눈길을 받으면서도 장차 남편이 될 이원수를 조심스럽게 바라보았습니다. 당시에는 부모가 정해 주는 사람과 혼례를 하는 게 관습*

이었기에 사임당도 이원수를 처음 본 참이었지요.

* **관습** : 어떤 사회에서 오랫동안 지켜 내려와 그 사회 일원들이 널리 인정하는 질서나 풍습을 말합니다.

'마음씨가 참 좋아 보이는구나. 하지만……, 저 사람도 나처럼 글을 짓고 그림을 그리는 것을 좋아할까?'

사임당 역시 남편 이원수에 대해 궁금한 것이 많았습니다. 하지만 그 무엇도 알 수 없었습니다. 혼례를 올리기 전 아버지가 한 말이 전부였지요.

"인선아, 너와 짝이 될 사람은 한양에 사는 이원수란 사람이다. 사람들 말로는 성격도 좋고 벗들과도 교제를 잘한다는구나. 하지만 홀어머니 밑에서 어렵게 자라 공부를 많이 하지 못했다. 어쩌면 너보다 못했을지도 모른다. 하지만 행여 지아비를 무시하면 안 된다. 아비가 무슨 말을 하는지 잘 알았느냐? 하늘이 맺어준 짝이니 정성을 다해 내조해야 하느니라. 그래야 집안을 세울 수 있고 자식들도 번성할 수 있느니라."

사임당은 아버지의 말씀을 다시 한 번 되새기며 고개를 끄덕였습니다. 넓고 깊은 아버지의 말씀은 언제 들어도 틀린 적이 없었지요.

둘째 딸 사임당의 혼례를 보고 있는 아버지 신명화는 사람들 모르게 안도의 한숨을 쉬었습니다. 혼기가 찼음에도 불구하고 시집을 미루던 사임당이 혼례를 치르고 있어 너무도 기뻤지요.

사임당은 바로 전날 밤에도 어머니와 동생들을 부둥켜안고 울었습니다. 그동안 괜찮았던 아버지 신명화의 건강이 다시 악화했기 때문이지요. 신명화는 딸 사임당과 사위 이원수를 보며 혼자 중얼거렸습니다.

'아가, 인선아……, 아비는 네 맘 다 안다. 하지만 세상살이가 어디 우리 뜻대로 되는 것이더냐.'

부부가 된 두 사람은 당분간 사임당의 친정집인 강릉에 머물기로 했습니다. 장인어른의 간곡한 부탁이 큰 이유였지요.

혼례가 끝난 뒤 아버지 신명화는 다시 한양으로 올라갔습니다. 딸을 시집보냈단 사실 하나만으로도 신명화는 흡족했고 또 큰 숙제를 하나 끝난 기분이었지요.

이제는 사임당의 남편이 된 이원수도 한양으로 떠나야 했습니다. 신혼 생활도 좋지만 공부를 해야 했기 때문이지요. 그런데 공부 보다 놀기를 좋아하는 이원수는 새색시인 사임당의 곁을 떠나려 하지 않았습니다.

"서방님, 내일이라도 한양에 올라가도록 하세요. 저는 어머니 곁에 조금 더 있다 따라가겠습니다. 아시다시피 아버님도 안 계시는데 저 또한 서방님을 따라나선다면 어머니께서 몹시 적적하시고 힘드실 거예요."

사임당은 이원수의 커다란 눈을 보며 간곡히 말했습니다.

"임자 말은 모두 맞소. 하지만 나는 어쩌란 말이오? 한양까지 나 혼자 무슨 재미로 가란 말이오?"

이원수는 혼례를 올린 어른답지 않게 화를 냈습니다.

"강릉에서 한양까지 가는 길이 얼마나 고됩니까, 재미라니요. 무사히 도착하는 것만도 감사한 일입니다. 그리고 제가 몇 번을 말씀드리지 않았습니까. 저를 위해서가 아니라 부모님을 위해 여기 더 있겠다고요."

"싫소!"

"네?"

"아직은 떠나기 싫단 말이오."

"그 이유가 대체 뭐지요?"

"몰라서 묻소? 지금 당장 저 대문을 나서면 각시가 눈에 밟혀

밥도 못 먹을 것이오."

 사임당은 속이 타 냉수라도 마시고 싶은 심정이었습니다. 몇 번을 말해도 고집만 피우는 남편 이원수가 원망스러워 눈물까지 나올 정도였지요.

 "서방님……, 서방님은 학문을 닦으셔야 합니다. 여기서 이렇게 지체할 시간이 없습니다."

"그보다 내가 먼저 할 말이 있소."

"네, 무슨 말씀인지 해 보세요."

"내일은 소나무 숲에 싸여 있는 해안가로 소풍을 가면 어떨까 하오."

"아, 서방님……."

"왜 싫소?"

"그런 것이 아니오라……."

이원수는 사임당 곁으로 바짝 다가와 슬그머니 사임당의 손을 잡았습니다. 지금이라도 당장 나가자는 기세로요.

멀리서 소나무 향을 머금은 바람이 불어왔습니다. 사임당은 그 틈을 타 혼자만 들을 수 있는 깊은 한숨을 내쉬었습니다. 남편 이원수는 모르는 한숨을요. 그러면서 사임당은 다시 한 번 다짐했습니다.

'내가 내조를 잘하면 돼……, 그래, 누구보다 잘할 자신이 있어.'

꼬마 예술가의 질문

신사임당의 대표적인 그림은 무엇이 있을까요?

   신사임당은 다른 그림도 잘 그렸지만 풀과 벌레, 꽃과 포도를 그리는 데 남다른 재주가 있었습니다. 그녀가 그린 초충도에는 그 크기가 너무 작아 잘 보이지 않거나 보잘것없는 소재들도 있었지요.

   신사임당은 왜 이렇게 소소한 풍경에 관심이 많았을까요? 우선은 남자들과 달리 문밖출입이 어려웠던 아녀자란 신분 때문이기도 했고 남들과는 다른 뛰어난 관찰력이 실력을 발휘했다고 할 수도 있습니다. 주변에서 흔히 볼 수 있는 생물들의 움직임에서 자연의 섭리 및 생명의 경이로움을 몸소 경험했기에 이와 같은 그림 세계를 만들 수 있었지요.

   평상시에 자주 볼 수 있는 일상적이고 작은 사물 모두가 사임당의 눈에 사로잡혔습니다. 그 작은 사물들은 그 모습 그대로 사임당의 화폭에 담겼습니다.

   사임당은 그 시절 안견 다음으로 실력이 좋다는 평을 들었다고 합니다. 당대의 내로라하는 선비들은 사임당의 그림을 한 번 보는 것이 소원이었다고 합니다. 또 그 그림을 본 사람들은 모두가 칭찬을 아끼지 않았다고 합니다.

그럼 한국적인 서정과 감각 그리고 세밀함이 돋보이는 신사임당의 그림들은 무엇이 있을까요?

신사임당(1504~1551)이 그린 8폭의 유색 병풍입니다. 폭마다 각기 다른 초화와 벌레를 그렸기에 초충도(草蟲圖)라고 부릅니다. 초충도는 단순한 주제와 간결한 구도로 그려졌는데 우리 고유의 한국적인 색채를 나타내고 있습니다.

이 그림은 신사임당의 탁월한 관찰력과 예술적 재능이 잘 나타나 있으며 상하좌우의 충분한 여백과 소재의 적절한 배치와 채색 등 단아함과 사실성이 돋보이는 작품이라고 할 수 있습니다.

이 밖에도 〈조충도〉, 〈포도〉, 〈대나무〉, 〈매화〉, 〈물새〉 등이 전해 내려오고 있습니다.

1971년 12월 16일에 강원도유형 문화재 제11호로 지정된 신사임당의 〈초충도〉 병풍

신사임당의 초충도 〈가지와 방아깨비〉

신사임당의 초충도 〈오이와 개구리〉

신사임당의 초충도 〈추규(접시꽃)와 개구리〉

신사임당의 초충도 〈산차조기와 사마귀〉

신사임당의 초충도 〈맨드라미와 쇠똥벌레〉

신사임당의 초충도 〈원추리와 개구리〉

신사임당의 초충도 〈양귀비와 도마뱀〉

신사임당의 초충도 〈오이와 개구리〉

십 년의 약속

"부인, 오늘은 뭘 하는데 그리 바쁘오?"

새신랑이 된 이원수는 하루가 어찌 가는지도 모르게 즐거운 날을 보냈습니다. 글공부는 뒷전이고 아침부터 저녁까지 사임당 뒤만 졸졸 따라다녔지요.

"집 안에도 일은 많사옵니다. 서방님은 어서 글공부를 하세요."

사임당은 웃고 있는 이원수를 보며 말했습니다.

"글공부요? 뭘 그리 서두르시오. 그건 내일 해도 늦지 않소. 오늘은 나와 바닷가에 소풍을 가는 게 어떻겠소?"

이원수는 다시 소풍 타령을 하고 있었습니다.

"그제도 다녀오지 않았습니까!"

사임당은 얼굴을 찌푸리며 말했지만 이원수는 아랑곳하지 않았습니다.

"그럼 나와 사랑채에서 이야기를 나누면 좋겠군. 그런데 참 이상한 일이오."

"대체 뭐가 이상하단 말입니까?"

"부인만 보면 웃음이 나오니 말이오. 그래서 내 곰곰 생각해 봤는데……, 내가 부인을 많이 좋아하고 있는 것 같소."

"서방님……."

사임당도 남편 이원수의 말에 그만 피식 웃고 말았습니다. 이원수는 그 누구보다도 부인 사임당을 아끼며 사랑했습니다. 하지만 가끔 어린아이처럼 행동해 사임당을 난처하게 만들었지요.

사임당과 이원수는 서로 자란 환경이 많이 달랐습니다. 그랬기에 이해가 되지 않는 일이나 힘든 일이 종종 생겼습니다. 사임당은 그럴 때마다 지혜롭게 잘 대처해나갔지요.

두 사람은 늘 같이 밥을 먹었고 함께 바닷가로 산책도 갔습니다. 별이 총총한 밤에는 별을 보며 긴 이야기도 나누었습니다.

사임당은 저녁을 먹은 뒤 다과상을 사이에 두고 남편 이원수와 마주 앉았습니다. 강릉에서 어머니를 모시고 사는 것도 중요했지만 그보다 더 중요한 것이 있었습니다. 남편은 날이 갈수록 배움을 멀리하고 있었습니다. 그래서 오늘은 어서 빨리 한양으로 올라가 공부를 하라고 재촉할 셈이었습니다. 이원수는 약과를 한 입 베어 물고는 함박웃음을 지으며 말했습니다.

"궁금하오, 대체 할 이야기가 무엇이오?"

사임당은 입술을 굳게 깨물며 다짐했습니다.

'무슨 일이 있어도 이번에는 꼭 서방님을 한양에 보내야 해.'

몇 번을 이야기해도 남편 이원수가 듣지 않았기에 사임당은 이만저만 큰 결심을 하지 않을 수 없었지요.

"서방님, 더는 이곳에 머무르시면 안 됩니다. 사내로 태어나셨으면 사내로서 해야 할 일이 있거늘 어찌 놀 생각만 하며 지내십니까."

"또 그 소리요?"

이원수는 부인 사임당의 핀잔을 듣자 기분이 언짢아졌습니다. 한양에 가라는 재촉을 이렇게 끈질기게 들을 줄은 몰랐지요.

"서방님, 더 넓은 세상을 보셔야 합니다."

"부인, 여기서도 넓은 세상은 볼 수 있소."

"서방님, 제가 말하는 세상은 이곳이 아닙니다."

"그럼 어디란 말이오?"

이원수는 짜증이 났습니다. 부인 사임당이 자신보다 인품이나 학식이 뛰어난 건 인정하고 있었지만 이렇듯 재촉을 하는 것이 싫었지요.

"바다는 강릉에 있는 바다만이 전부가 아닙니다. 마음의 바다도 있을 것이고 학문의 바다도 있을 것이옵니다. 서방님, 지금 서방님이 찾으셔야 할 곳은 학문의 바다이옵니다. 책을 읽고 깨우쳐야 세상을 보는 눈이 넓어지면서 깊어집니다. 사람들이 왜 공부를 한다고 생각하십니까, 내가 겪지 못한 것과 깨닫지 못한 것을 함께 깨달으며 지금보다 더 좋은 세상을 만들기 위함이 아니옵니까……."

부인 사임당의 말은 무엇 하나 틀린 것이 없었습니다. 결국 이원수는 사임당의 말을 듣기로 했습니다.

"알겠소, 내 떠나리다……."

그날 밤, 이원수는 쉽게 잠이 오지 않았습니다. 강릉에 조금 더 있고 싶은 마음이 굴뚝같았기에 사임당이 원망스럽기까지 했지요.

다음날이 되었습니다.

이원수는 풀이 죽어 떠날 채비를 했습니다. 마음은 잠시도 이곳을 떠나고 싶지 않았지만 어젯밤 약속을 저버릴 수 없었지요.

"서방님, 부디 건강하세요."

사임당은 고개를 숙이고 있는 이원수를 보며 말했습니다.

"알겠소."

이원수는 힘없이 대답했습니다.

"글공부도 열심히 하셔야 합니다."
"그것도 알겠소."

이원수의 귀에는 사임당의 말보다 아름다운 사임당의 얼굴만이 보였습니다.

이원수는 드디어 강릉을 떠나 한양을 향해 타박타박 걸어갔습니다. 날씨도 맑았고 새소리도 들리는 아름다운 봄날이었지만 아무것도 느끼지 못했지요. 대관령 입구에 있는 성산 땅에 이르자 갑자기 다리에 힘이 탁 풀렸습니다.

'저 고개를 넘으면 강릉은 언제 올꼬?'

이원수는 이제 부지런히 걷기 시작했습니다. 한양이 아닌 강릉을 향해서요.

"부인, 부인!"

이원수는 강릉 집에 도착하자마자 사임당을 불렀습니다. 차마 떠나지 못하고 돌아온 자신을 보고 사임당이 좋아할 줄 알았지요.

"서방님……, 왜 다시 오셨나요?"

사임당이 깜짝 놀라 물었습니다.

"부인이 보고 싶어 차마 대관령을 넘을 수 없었소!"

"뭐라고요?"

사임당은 맥이 풀려 아무 말도 할 수 없었습니다.

"왜 아무 말도 하지 않소?"

"서방님, 저와 약속하지 않으셨나요? 그런데 이렇게 다시 오시다니요……."

결국 이원수는 하룻밤을 잔 뒤 다시 한양을 향해 길을 나섰습니다. 하지만 이번에도 발길이 떨어지지 않았습니다.

"내 앞에 있는 저 고개는 왜 이리도 높아 보인단 말인가……,

그래도 내가 가야지! 암, 가야지! 대장부가 약속을 했으니 꼭 지켜야지!"

이원수는 도포 자락을 휘날리며 걸었습니다. 그렇게 십 리를 힘들여 걷던 중 그늘이 좋은 미루나무 한 그루를 발견했습니다. 이원수는 다리를 쭉 뻗고 앉았습니다. 그러자 계곡 너머에서 시원한 바람이 불어왔습니다.

"아, 시원해서 좋구나!"

가만히 앉아 쉬고 있으려니 다시금 어여쁜 사임당의 얼굴이 떠올랐습니다.

"허, 어찌 그 얼굴이 지워지지 않는단 말인가……."

저도 모르게 이원수는 고개를 흔들었습니다. 그러면 그럴수록 사임당의 얼굴은 더욱 선명해져만 갔습니다. 조용히 앉아 글을 쓰고 있는 모습이며 자수를 놓는 모습까지 꼬리에 꼬리를 물며 생각이 이어졌지요.

"그래, 지금 이럴 때가 아니지. 말은 모질게 했지만 마음은 분명 그렇지 않았을 게야."

이원수는 자리를 털고 일어나 다시 강릉 집을 향해 걸었습니다. 이번에는 제발 자신을 반겨 줬으면 하는 마음을 가지고요.

어두워져서야 강릉 집에 도착한 이원수는 잠시 대문 앞에 서서 망설였습니다.

'이번에도 왜 왔냐고 물으면 어쩌지……, 그래도 내가 서방인데 내쫓기야 하겠어.'

하지만 부인을 부르는 목소리는 어제만큼 자신감이 넘치진 않았습니다.

"부인, 내가 왔소!"

이원수의 목소리를 들은 사임당은 가슴이 철렁 내려앉았습니다. 그렇게 간곡한 부탁을 했건만 이원수가 다시 찾아왔으니까요.

"서방님!"

"그래요, 내가 다시 왔어요!"

"어찌 그리 마음이 약하십니까!"

"하지만 나도 내 마음을 어찌할 바를 모르겠소!"

결국 이원수는 사임당과 다시 마주 앉았습니다. 사임당도 이원수도 서로의 얼굴만 볼 뿐 아무 말도 하지 않았습니다. 그때였습니다. 갑자기 사임당이 반짇고리에서 가위를 꺼내더니 어느새 풀어헤친 머리를 자르려 했습니다.

"지, 지금 무엇을 하려는 것이오?"

이원수가 깜짝 놀라 말했습니다.

"제가 수백 번 말씀드려도 듣지 않으시니 방법이 없사옵니다. 이제 저는 머리를 깎고 산으로 들어가 비구니*가 되려 합니다. 그러니 제 뜻을 막지 말아 주시옵소서."

---

* **비구니** : 출가한 여자 승려입니다.

이원수는 기가 막혀 아무 말도 하지 못했습니다. 부인 사임당의 뜻이 이 정도인지는 꿈에도 상상하지 못했지요.

"부인이 이러시면 내 마음이 찢어지오!"

"그럼 저와 약조를 하세요. 앞으로 십 년간 공부에 전념하겠다고요. 저는 서방님과 떨어져 지내겠사옵니다. 그래야만 서방님도 공부에 전념할 수 있을 테니까요."

눈앞이 캄캄해진 이원수는 그 무엇도 말할 수 없었습니다. 공부에 전념하지 않는다는 이유로 사임당이 비구니가 된다는 것도 기가 막혔지만 그 소리를 한 부인이 야속해 이원수는 가슴이 무너졌습니다.

"부인, 어찌 그리 모진 소리를 하시오. 내가 그리도 싫단 말이오?"

이원수는 이제 목소리를 높여 소리쳤습니다.

"아닙니다, 서방님. 하지만 서방님은 공부에 전념해야 합니다. 부디 제 뜻을 받아 주시옵소서."

사임당은 풀어 헤친 머리를 수그린 채 울다시피 말하고 있었습니다. 결국 이원수는 자신의 의지를 꺾어야만 했습니다. 그만큼 사임당을 아끼며 사랑했기 때문이지요.

"알겠어요, 알겠어! 내일 당장 한양으로 떠나리다. 그러니 이제 고개를 들고 나를 보구려. 내 마음이 너무 아파 아무것도 못하겠소."

그제야 사임당은 고개를 들고 남편 이원수를 바라보았습니다. 그러고는 남편 이원수의 손을 꼭 잡으며 말했습니다.

"고맙습니다, 서방님……".

이원수도 가만있지 않았습니다.

"뭐가 감사하단 말이오. 내가 더 미안하고 감사하구려. 그러니 이제 그런 말은 하지 마세요. 알겠소?"

사임당은 그제야 마음이 놓였습니다. 남편 이원수의 진심을 이제야 읽게 되었으니까요. 사임당은 다시 머리를 곱게 빗은 뒤 비녀를 꽂고는 여종을 향해 낮은 목소리로 말했습니다.

"옥희야, 서방님이 내일 다시 한양으로 떠나시니 필요한 것을 잘 준비하도록 하여라. 만약 그렇지 않으면 내 가만있지 않을 테니 특히 신경 쓰도록 해라."

놋 쟁반에 그린 매화

이원수가 떠나고 바람이 몹시 부는 날이었습니다. 누가 봐도 거지 행색을 한 남자가 대문을 들어서자마자 대성통곡을 하며 바닥에 엎드렸습니다.

"이게 무슨 소리냐?"

심상치 않은 울음소리를 들은 어머니 이 씨가 사임당에게 물었습니다.

"어서 나가 봐야겠어요!"

놀란 사임당과 어머니가 버선발로 뛰어나와 남자를 보니 남자는 다름 아닌 한양 집에서 온 하인이었습니다.

"무슨 일이냐? 대체 무슨 일이 났기에 이리 호들갑을 떠느냐?"

얼마나 황급히 달려왔는지 하인의 몰골은 그야말로 만신창이였습니다. 하지만 그보다 더한 건 하인의 슬픈 얼굴이었습니다.

"마님, 이를 어쩌면 좋습니까!"

하인은 여전히 눈물을 흘리며 말했습니다.

"궁금하구나, 대체 무슨 일이 나서 그러느냐?"

이 씨는 다급한 목소리로 물었습니다.

"마님, 다름이 아니오라 대감마님께서 지난 십일월 초이렛날* 병환으로 돌아가셨습니다!"

그야말로 **청천벽력***과 같은 소리였습니다.

"뭐? 대감이 돌아가셨다고?"

이 씨는 전갈을 듣자마자 그 자리에서 그만 기절을 하고 말았습니다.

---

* **초이렛날** : 초이렛날 : 매달 첫날, 즉 초하룻날부터 헤아려 일곱째 되는 날을 말합니다. 날짜는 하루, 이틀, 사흘, 나흘, 닷새, 엿새, 이레, 여드레, 아흐레, 열흘 순으로 새지요.

* **청천벽력** : 맑게 갠 하늘에서 치는 날벼락이라는 뜻입니다. 뜻밖에 일어난 갑작스러운 재앙이나 사고, 사건을 비유적으로 이르는 말이지요.

한양에서 강릉까지는 사백 리가 넘는 길이었습니다. 하인은 그 먼 길을 걸은 것도 부족해 눈 덮인 대관령을 넘어왔습니다. 하지만 이미 시간은 지나 신명화의 장례식이 지난 후였지요. 이 씨는 식음을 전폐하고 누워 매일 통곡을 했습니다.

"아, 어찌 이리 세상이 모질단 말인가! 어머니도 부족해 남편까지 내 곁을 떠나다니……."

사임당이 혼례를 치르기 전부터 신명화의 병은 깊었습니다. 그런데도 장모가 돌아가셨다는 소리를 들었을 때는 먼 한양에서부터 병든 몸을 이끌고 강릉까지 장모를 뵈러 왔습니다. 그때 신명화는 몇 번의 죽을 고비를 넘겼는데 부인 이 씨의 간절한 기도로 일어났습니다. 이 씨가 왼손 가운뎃손가락 두 마디를 은장도로 끊어 기도했지요. 그렇게 기적적으로 일어났던 신명화가 부인과 딸들도 보지 못한 채 죽음을 맞이한 것입니다. 사임당 역시 넋이 나가 어찌할 바를 몰랐습니다.

"어머니, 기운 차리세요. 이러시다 어머니마저 병환을 얻으면 어쩌시려고 이러세요."

"하늘도 무심하시지……, 어찌 우리를 두고 이렇게 무심히 떠난단 말이냐. 내가 네 아비를 어찌 살려냈는데 벌써 가시느냐

말이다. 아, 내가 더 살 이유가 없구나!"

"어머니 그래도 일어나셔야 해요. 어머니마저 떠나시면 전 세상을 어찌 살라고요!"

"아, 덧없는 세상이구나……."

이 씨는 매일 그렇게 눈물을 흘리며 지냈습니다. 만약 사임당이 곁에 있지 않았다면 더 큰 일이 일어났을지도 모르지요. 사임당은 돌아가신 외할머니를 잊기도 전에 아버지를 잃어 가슴이 찢어졌지만 다시 한 번 마음을 다잡았습니다.

'이 모든 것이 나를 더 단단히 만들기 위한 하늘의 뜻이야. 여기서 내가 쓰러진다면 우리 집 전체가 쓰러질 거야.'

새색시가 된 지 얼마 되지 않은 사임당은 곧 아버지 무덤에서 **삼년상***을 치렀습니다. 비가 오나 눈이 오나 아버지 곁을 묵묵히 지켰지요. 동네 사람들은 그런 사임당을 보고 하나같이 입을 모아 말했습니다.

"대단한 효심이야. 아들도 저렇게까진 하지 못할 거야."

"그럼, 그럼……, 돌아가신 신 대감님도 대단한 분이셨지. 그러니 저렇게 훌륭한 딸이 나오지 않았겠나."

"어허, 사임당 어머니는 남편을 위해 은장도로 손가락을 끊지 않았나, 말로 하는 가문이 아닐세. 몸소 행동으로 보여 주는 훌륭한 가문이야."

신명화는 마흔일곱이라는 이른 나이에 세상을 떠났습니다. 세상을 등지고 떠나기에는 너무도 아까운 나이였지요. 삼년상

---

* **삼년상** : 부모의 죽음을 추도하기 위해 삼 년 동안 활동을 자제하고 몸가짐을 삼가는 일입니다.

을 치른 뒤 사임당은 아흔아홉 개가 되는 고개를 넘어 한양에 갔습니다. 그때 나이가 스물한 살이었지요.

어렵게 대관령 정상에 도착한 사임당은 자신이 살던 강릉을 바라보며 다시 한 번 눈물을 흘렸습니다. 차마 발길을 뗄 수 없는 걸음이었기에 더욱 그랬지요. 사임당은 어머니를 생각하며 저도 모르게 시 한 수를 읊었습니다.

머리 하얀 어머님을 강릉에 두고
한양을 향해 홀로 가는 이 마음
고개 돌려 북촌 땅 바라보니
흰 구름 내려앉은 저녁 산만 푸르구나

아버지 신명화도 가슴 아프게 생각났습니다.
'혼자 외로이 돌아가시다니……, 불효도 이런 불효가 없구나!'
사임당에게 가장 걱정스러운 일은 어머니 이 씨였습니다. 다섯 딸 중에서도 유독 사임당을 사랑했던 아버지도 이제는 강릉에 있는 어머니를 뵈러 오지 못하시니 어머니는 이제 혼자나 마찬가지였습니다.

사임당은 어머니 이 씨가 왼손 가운뎃손가락 두 마디를 은장도로 끊으며 아버지 신명화를 위해 기도할 때 이상한 꿈을 꾸었습니다. 꿈속에서 사임당은 수염을 길게 기른 노인을 보았습니다. 노인은 마치 산신령 같았지요. 그런데 노인이 갑자기 대추알만 한 환약을 아버지 입안에 넣지 않겠어요? 꿈속에서도 사임당은 깨달았습니다. 노인이 준 환약을 먹고 아버지가 반드시 병을 이기고 일어나리라는 것을요.

실제로 아버지는 일어나 사임당의 혼례까지 보았습니다. 어쩌면 앞으로 있을 사임당의 혼례를 위해 산신령이 병든 신명화에게 마지막 약을 썼을지도 모르지요.

이제 강릉 집에는 어머니 혼자 계시게 되었습니다. 사임당이 그토록 좋아했던 배롱나무나 대나무 숲도 어머니 혼자 보게 되었지요. 아직도 사임당의 귓가에는 풋풋한 대나무 숲에서 들려오던 바람 소리가 들렸습니다. 곧게 올라가다가 맨 끝에서 왼쪽으로 굽는 가지에 매달린 싱싱한 잎사귀가 아직도 눈앞에 서렸습니다.

그러나 사임당은 절망하지 않았습니다. 반드시 강릉에 다시 갈 것이라 결심했고 오랫동안 어머니 곁에서 효도를 하리라 다짐했습니다.

한양에 온 사임당은 혼례를 올린 지 3년 만에 처음으로 시어머니를 보게 되었습니다. 남편 이원수만큼 시어머니도 온화한 얼굴이었습니다. 남편을 잃고 어렵게 아들을 혼자 키워 고생한 흔적은 보였으나 누구보다 며느리 사임당을 아끼고 사랑했지요.

사임당은 잠시라도 틈이 생기면 강릉 집을 생각하며 어머니를 그리워했지만 묵묵히 며느리 노릇을 했습니다. 누가 봐도 흠잡을 데가 없었습니다. 그래서인지 남편 이원수는 부인 사임당을 벗들에게 자랑하고 싶어 했지요.

이원수도 인정했지만 부인 사임당은 자신보다 많은 것이 월등한 사람이었습니다. 넓은 마음도 그랬지만 경전에 익숙했고 글도 잘 지었습니다. 또 글씨에도 재주를 보였는데 자신이 마음에 드는 글이 있으면 정갈하게 해서체로 썼으며 시 가운데 마음에 드는 시는 능숙한 초서체로 썼습니다. 게다가 바느질과 수도 잘 놓아 무엇 하나 흠잡을 데가 없었지요. 그중 가장 으뜸은 그림이었습니다.

하루는 이원수가 친구들을 데려와 사랑채에 머물고 있었습니다. 그러던 중 그림 이야기가 나오자 이원수는 귀가 활짝 열렸습니다. 삼 년 동안 봐 온 부인 사임당의 그림을 벗들에게 자랑하고 싶었지요.

"여보게, 그림 이야기가 나와서 말인데……, 처가 그림을 아주 잘 그린다네."

"오, 그래? 그림은 어디 있나? 그림을 봐야 우리가 평을 할 수 있지 않나."

친구들의 말에 이원수는 더욱 의기양양해졌습니다.

"일전에 처가 벌레 그림을 그렸는데 말이야. 하루는 그 그림을 말리려고 마당에 두지 않았나. 그런데 그 벌레가 마치 살아있는 벌레처럼 보여 닭이 쪼아 먹은 일도 있다니까!"

"에이, 농이 지나치군!"

"자네는 매일 속고만 살았나? 사실이래도!"

"허허……, 말로만 하지 말고 그림을 가져오라니까!"

결국 이원수는 친구들의 성화에 황급히 여종을 불렀습니다.

"옥희야, 어서 마님께 가서 그림 한 폭만 그려 달라고 하여라."

"나리! 지, 지금요?"

여종은 놀라 눈을 동그랗게 뜨고 말했습니다.

"그래, 어서 달려가 마님께 전하지 않고 뭐하고 섰느냐?"

"네, 네!"

여종의 이야기를 들은 사임당은 갑작스러운 이원수의 부탁에 마음이 불편해졌습니다. 아무리 실력이 좋아도 그림 한 폭을 당장 그려내기는 어려웠으니까요.

"서방님도 참……, 이렇게 또 일을 만드시는구나."

사임당은 자신의 재주를 사람들에게 생각 없이 자랑하는 남편 이원수의 태도가 마음에 안 들었습니다. 사임당은 한 번도 자신의 재주를 자랑한 적이 없었습니다. 그런 행동이 얼마나 어리석고 바보 같은 짓인지 잘 알고 있었거든요. 사임당은 남편의 허세가 불편했습니다. 하지만 남편의 부탁을 거절할 수도 없는 노릇이었습니다. 마음을 가라앉힌 사임당이 여종에게 말했습니다.

"옥희야, 지금 부엌에 가서 놋 쟁반을 가져오너라."

"붓과 먹이 아니라 놋 쟁반이요?"

"그래, 놋 쟁반을 가져오너라."

"네, 마님!"

여종은 대답을 끝내자마자 부리나케 부엌으로 달려갔습니다.

그동안 사임당은 먹을 갈면서 남편 이원수를 생각하며 한숨을 폭 내쉬었습니다. 한양에 와서도 남편 이원수가 공부를 하지 않았기 때문이지요. 이원수는 마음씨는 고왔으나 친구들과 어울리는 것을 좋아했습니다. 부인 사임당을 누구보다 사랑했지만 사임당이 원하는 능력을 보여 주지는 못했지요.

사임당은 여종이 가져온 놋 쟁반에 붓을 찍어 매화 가지 하나를 능숙하게 그리기 시작했습니다. 그러고는 초조하게 기다리는 여종에게 놋 쟁반을 주며 조용히 말했습니다.

"집 살림이니 어르신들께 보여드린 뒤 반드시 가져오도록 하여라."

"네, 마님!"

사임당은 자신의 그림이 여러 사람의 손을 거쳐 밖으로 나도는 것이 싫었습니다. 여종이 사랑채로 가자 이미 사랑채는 이원수와 벗들의 목소리로 시끌벅적했습니다.

"오호, 이제야 오는구나! 우리 모두 눈이 빠지게 기다리고 있었느니라!"

"허, 얼마나 대단한 그림이기에 우리 원수가 그렇게 자랑을 할까? 그래, 어서 그림을 가져와 보아라!"

"자, 모두 모여 보게. 부인의 그림 솜씨 한 번 감상하세!"

여종은 그림이 그려진 놋 쟁반을 조심스럽게 이원수에게 건네주었습니다. 그러자 다시 한 번 소란이 벌어졌습니다.

"아니, 그림을 달랬지 누가 음식을 가져오라고 했느냐? 쟁반도 빈 쟁반이 아니더냐?"

"그러게 말입니다, 쯧! 그림 구경하기가 이렇게 어려워서야……."

하지만 놋 쟁반을 받아든 이원수는 혼자 빙그레 웃고 있었습니다. 놋 쟁반에 그려진 매화 가지를 보았거든요. 이원수는 말없이 놋 쟁반을 바닥에 놓았습니다. 그러고는 친구들을 둘러보며 짐짓 점잖게 말했습니다.

"흠……, 잘들 보시게. 비록 놋 쟁반이지만 이런 그림을 쉽게 보진 못할 테니 말이야."

사람들은 그야말로 눈이 휘둥그레졌습니다. 짧은 시간 동안 이렇게 아름다운 그림이 그려진 것도 신기했지만 그림 속 매화는 마치 살아 움직이는 것 같았지요.

"자네 말이 틀리지 않았군. 자네 말이 맞아……, 허! 참으로 아름다운 그림일세!"

"아니, 쟁반에 이런 그림을 그리다니……."

"보통 솜씨가 아닐세! 보통 솜씨가 아니야!"

이제는 그 누구도 이원수를 놀리지 않았습니다. 종이도 아닌 놋 쟁반에 그림 한 점을 보고 모두가 반했으니까요.

꼬마 예술가의 질문

조선 시대 활약했던 유명한 화가는 누가 있을까요?

여러분은 그림에 관심이 많은가요? 미술관에는 자주 가나요? 그림을 좋아한다면 미술관을 자주 다녀 보세요. 아직은 우리 그림보다 서양 미술 작품 전시회가 더 많지만 우리가 관심을 더 많이 가지면 우리 그림도 미술관에 많이 걸리겠지요.

그럼 조선 시대에 활약했던 유명한 화가는 누가 있을까요?

겸재 정선

겸재 정선은 조선 숙종에서 영조 때까지 활동한 화가입니다. 조선이 건국된 뒤에는 일생을 바쳐 우리 산천을 그리는 '진경산수화'라는 방법을 만들었습니다. 조선이 건국된 뒤 삼백 년 동안 이어져 오던 중국풍 산수화 전통을 버린 거예요. 그야말로 획기적인 발상이었지요. 겸재 정선은 진경산수화의 창시자이자 완성자였습니다. 대표적인 작품으로는 〈금장전도〉, 〈박연폭포〉, 〈인왕제색도〉 등이 있습니다.

정선이 그린 〈인왕제색도〉

정선이 그린 〈금강전도〉

정선이 그린 〈박연폭포〉

안견

안견은 조선 세종부터 세조 때까지 활동한 화가입니다. 그는 세종의 셋째 아들인 안평대군(安平大君)과 가까이 지냈는데 그의 부탁으로 〈몽유도원도(夢遊桃源圖)〉를 그린 화가로 유명합니다. 산수화에 특히 뛰어났고 초상화·사군자·의장도 등에도 능했습니다. 그의 화풍은 일본까지 전해져 일본 수묵화 발달에 많은 영향을 끼쳤습니다. 현재 그가 그렸다고 전해지는 그림은 〈몽유도원도(夢遊桃源圖)〉가 유일합니다.

안견이 그린 〈몽유도원도〉

김홍도

영조와 정조 시대에 활동했습니다. 어린 시절에는 강세황의 지도를 받아 그림을 그렸고 그의 추천으로 도화서 화원이 되어 당대 최고의 화가가 되었습니다. 김홍도의 스승 강세황은 그에게 시와 글도 가르쳤다고 합니다. 덕분에 김홍도는 여느 중인 출신의 화가들과 다르게 글이나 시 또한 아주 잘 지었는데 그 느낌이 마치 신선의 글과 같았다고 합니다. 김홍도는 자신이 직접 지은 시를 자신의 그림 곁에 쓰기도 했습니다. 당시 화가들은 그림 곁에 글을 써놓는 것이 진정한 문인의 풍류라 여겼다고 합니다.

김홍도가 그린 〈서당도〉

게다가 김홍도는 눈이 맑고 키가 훤칠한 미남이었다고도 합니다. 김홍도는 산수, 인물, 도석, 불화, 화조, 풍속 등 모든 분야에 능했지만 특히 산수화와 풍속화에서 뛰어난 작품을 남겼습니다. 대표 작품으로는 〈춤추는 아이〉, 〈씨름도〉, 〈서당도〉, 〈단원도〉 등이 있습니다.

김홍도가 그린 〈춤추는 아이〉

김홍도가 그린 〈씨름도〉

어머니가 된 사임당

　여름이 되었습니다. 나팔꽃 넝쿨을 늘어뜨린 가는 줄기가 그네를 타듯 담벼락 위에서 너울거리고 있습니다. 햇빛을 듬뿍 받은 고추는 빨간 고추로 변해 반짝였습니다. 그뿐만이 아닙니다. 꽃밭에는 노랑 백합이 지고 분홍 백합이 활짝 피어 지나가는 사람들의 눈길을 사로잡았지요.
　오늘은 친척 중 한 분의 환갑잔치입니다. 사임당은 여자 손님들과 함께 돗자리가 깔린 방에 앉아 있었습니다. 오랜만에 만난 친척과 손님 모두가 웃고 떠드는 화기애애한 자리였지요.

사임당은 평소와 다름없이 사람들의 이야기를 들으며 말없이 앉아 있었습니다. 그런데 조금 뒤 시어머니 홍 씨가 웃으며 물었습니다.

"며늘아기야, 재미가 없느냐?"

"아닙니다, 어머님……."

시어머니 홍 씨를 보며 사임당이 대답했습니다.

"그런데 왜 아무 말도 하지 않느냐?"

"여자로 태어나 문밖을 자주 나가 본 적이 없어 본 것이 많지 않사옵니다. 그러니 무슨 말씀을 드리겠습니까?"

"……."

시댁의 식구들과 손님들이 모인 어려운 자리였습니다. 그런데 사임당은 시어머니의 물음에 솔직히 대답했습니다. 일부러 분위기에 맞는 말이나 시어머니의 마음에 들 만한 말을 찾았다면 절대 할 수 없는 말이었지요.

시어머니는 다른 말을 할 수 없었습니다. 며느리 사임당의 말이 틀린 말이 아니었지요. 또 함께 앉아 이야기를 나누던 여자 친척들과 손님들도 그 순간 말을 아꼈습니다.

어쩌면 그중에는 사임당의 말을 듣고 부끄러워했을 여자가 있었을지도 모릅니다. 보지 않은 것을 보았다고 하거나 또 보았다 하더라도 과장해서 말했기 때문이지요. 그리고 아무리 친척이라지만 남자도 아닌 여자가 자신의 마음속 생각을 솔직하게 말하는 일은 쉽지 않았지요.

시어머니는 새로 들어온 며느리가 마음에 쏙 들었습니다. 오자마자 가난한 시댁 일을 하면서도 말투가 항상 온화했고 성품이나 태도가 침착하고 단정했기에 그 무엇 하나 나무랄 것이 없었지요.

사임당은 아버지 신명화의 삼년상을 치른 뒤 파주로 올라왔습니다. 그리고 얼마 뒤 파주 율곡리에 있는 이원수의 집에서 첫째 아들 '선'을 낳았습니다.

어머니가 된 사임당도 아버지가 된 이원수도 그 기쁨은 말로 다하지 못할 정도였지요. 게다가 첫아들을 낳았다는 것은 집안의 큰 경사였습니다.

"부인, 정말로 고생이 많았소!"

이원수는 힘겹게 아들을 낳은 사임당의 손을 꼭 잡으며 말했습니다.

"삼신할미가 끝까지 지켜주셔서 순산할 수 있었습니다. 또 서방님과 어머님이 곁에 계셔 마음을 편히 가질 수 있었습니다."

사임당은 갓 태어난 어린 생명을 보며 감격스레 말했습니다.
시어머니도 기뻐하며 며느리 사임당에게 말했습니다.
"아가, 장하다! 이렇게 잘생긴 장군을 낳아줘서 고맙구나!"
혼례를 올린 뒤에도 그랬듯 어머니가 된 사임당은 또 다른 마음과 눈을 가지기 시작했습니다. 하지만 여전히 사임당은 강릉

에 있는 홀어머니와 동생들이 눈에 밟혔습니다.

'진지는 잘 들고 계실까? 바깥 공기가 찬 데 건강은 어떠하신지……, 그리고 동생들도 어찌 지내는지 궁금하구나.'

이런 사임당의 마음을 가장 가까이서 헤아려 준 사람은 남편 이원수였습니다. 사임당이 겉으로는 강하지만 사실 속은 섬세하면서도 여린 감성을 가진 여자라는 것을 알고 있었지요. 이원수는 굳은 결심을 했습니다. 사임당을 강릉 집에 보내기로요. 공부보다는 놀이를 좋아했던 사람이었지만 속 깊은 아내의 말에도 귀를 기울일 줄 아는 마음 넓은 사내이기도 했지요.

"부인, 더위가 좀 지나면 강릉에 내려가서 지내도록 해요."

이원수가 사람 좋은 웃음을 지으며 말했습니다.

"친정집에 가라고요?"

사임당은 놀라 되물었습니다.

"내 말은 안 했지만……, 밤마다 우는 걸 봤어요. 전에는 여종이 치는 거문고 소리를 들으면서도 눈물을 짓던데……, 그러지 말고 다녀와요. 그래야 당신 얼굴에서 웃음을 찾을 수 있지 않겠어요?"

"서방님……."

"당신이 울면 내 마음이 무너져요."

"서방님, 고맙습니다."

사임당은 진심으로 남편 이원수에게 고마움을 느꼈습니다. 사임당이 강릉으로 내려오자 친정집은 다시 활기가 넘쳤습니다. 동생들도 언니 사임당을 반겼지만 친정어머니와 남편을 잃은 어머니만큼은 아니었지요.

어머니는 한양에서 온 사임당의 손을 잡고는 하염없이 울며 딸의 뺨을 만지고 또 만졌습니다. 딸이 혼례를 치러 어머니가 되었어도 이 씨에게는 여전히 귀여운 둘째 딸이었지요.

"오면서 힘들지는 않았니? 아기까지 데려오느라 얼마나 고생이 많았니……."

"아니에요. 어머니를 뵐 수 있다는 생각을 하니 발에 날개를 단 듯 단숨에 달려왔어요."

"그래, 네가 그렇게 생각했다면 내가 고맙고 또 고맙다. 참, 시어머님도 안녕하시고 이 서방도 잘 있지?"

"그럼요, 어머님도 안녕하시고 이 서방도 잘 있어요. 어머니, 제 걱정은 이제 그만하시고 어머니 건강에 신경 쓰세요."

"그래, 그래 알았다. 네 말대로 그럴게. 근데 애까지 생겨 시댁 일이 힘들겠구나. 참, 밥은 제대로 먹니?"

"아휴, 어머니도……, 저는 괜찮다니까요. 그리고 이제는 저도 어머니를 보니 힘이 나요. 사실 고된 시댁 일보다 어머니를 보지 못하는 것이 가장 힘들었어요. 어머니가 얼마나 그리웠는지 몰라요."

사임당은 어머니 곁에서 아이를 돌보며 평화로운 시간을 보냈습니다. 처녀 때처럼 뒤뜰을 걷기도 했고 어머니와 세상 돌아가는 이야기를 나누며 자수를 놓기도 했지요. 또 자신이 좋아하는 글과 그림도 마음껏 그렸습니다.

세월이 흘러 어느덧 사임당의 나이도 스물여섯이 되었습니다. 그리고 사임당은 원하던 대로 친정에서 맏딸 매창을 낳았습니다.

매창은 작은 사임당이라 할 정도로 어머니 사임당을 닮은 점이 많았습니다. 얼굴도 닮았지만 글과 예술 방면에서도 뛰어나 식구들의 관심과 귀여움을 듬뿍 받았지요. 또 마음가짐과 씀씀이도 어머니를 닮아 사임당은 맏딸 매창을 볼 때마다 흐뭇했습니다.

사임당은 그 뒤로도 둘째 아들 번과 둘째 딸을 낳았습니다. 집안은 아이들이 항시 북적였고 사임당도 아이들로 인해 몸은 힘들었지만 어머니로서 누릴 수 있는 생활을 하며 행복했지요.

하지만 본래 학문에 뜻이 없던 이원수는 여전히 벼슬에 오르지 못했고 시댁도 여전히 가난했습니다. 사임당은 그야말로 허리띠를 졸라매고 생활했습니다. 어려울수록 그녀만의 새로운 삶의 방법을 찾았고 또 자신의 형편에 맞는 삶의 형태를 만들어 나가고자 노력했습니다.

다시 시간이 흐른 어느 날 사임당은 기이한 꿈을 꾸었습니다. 꿈속에서 사임당은 해가 솟아오르는 바닷가를 걷고 있었습니다. 해안가에는 평소보다 따뜻한 바람이 기분 좋게 불고 있었고 푸른 바다는 햇빛을 받아 아름답게 반짝이고 있었지요. 평소처럼 사임당은 바닷가에서 조개껍데기와 돌멩이를 주우며 놀이에 빠져 있었습니다. 그때였습니다. 갑자기 수평선 너머에서 밝은 빛이 비치기 시작했습니다. 그 빛이 얼마나 눈 부신지 사임당은 한 쪽 팔을 들어 눈을 가려야 했지요.

'대체 저것이 뭐지?'

빛이 조금 누그러졌을 때 사임당은 수평선 너머에서 자신에게 점점 가까이 다가오는 그 무엇을 보았습니다.

"아, 저건……."

사임당은 너무 놀라 그만 그 자리에 우뚝 서고 말았습니다. 참으로 알 수 없는 일이었습니다. 비단옷을 입은 아름다운 선녀가 잘생긴 사내아이를 가슴에 품고는 바다 위를 걸어 자신에게 다가오고 있었으니까요. 선녀는 마치 구름을 탄 듯 잔잔한 바다

위를 건너와서는 품에 안은 아이를 사임당에게 건넸습니다.

"왜 제가 이 아이를……."

사임당이 고개를 갸웃거리며 선녀를 바라보았지만 이미 선녀는 바다 위를 건너고 있었습니다. 아이는 선녀가 떠나자마자 사임당의 품 안에서 움직이기 시작했습니다. 그 눈빛이 너무도 초롱초롱해 사임당의 마음을 한 번에 사로잡아 버렸지요.

"정말로 총명하게 생겼구나, 게다가 얼굴도 늠름하고……."

아이는 어느새 사임당 품속에서 방긋거리며 웃기 시작했습니다. 얼떨결에 받은 아이였지만 전혀 낯설지 않았지요. 이상한 일은 또다시 일어났습니다. 분명 아이를 준 이는 선녀였는데 선녀는 온데간데없이 사라지고 없었지요. 대신 바다 위에는 한눈에 봐도 용맹스러워 보이는 커다란 용이 꿈틀거리더니 깊은 바닷속으로 천천히 들어가고 있었습니다.

"에구머니, 이 무슨 해괴한 일이야!"

사임당은 너무도 놀라 품속 아이를 힘주어 안았습니다. 그리고 눈을 떴을 때 사임당은 그것이 예사롭지 않은 태몽이란 것을 알았지요. 태몽이란 앞으로 아이를 낳을 것이라고 알려 주는 꿈을 말하는데 사임당이 꾼 태몽은 생각할수록 신기했습니다.

'이는 필시 평범한 아이가 태어날 꿈이 아니야, 앞으로 몸과 마음을 더 정결하고 건강하게 관리해야겠구나.'

사임당의 태몽 이야기를 들은 어머니 이 씨도 놀라긴 마찬가지였습니다.

"오호, 보통 꿈이 아니구나. 처음에는 선녀인 줄 알았는데 그 선녀가 용이었다니……."

"어머니, 저도 그 꿈을 꾸며 며칠 생각에 잠겼어요. 그런데 생각할수록 신기하여 오늘 비로소 털어놓았어요."

사임당도 조심스럽게 꿈 이야기를 하며 다시 생각에 빠져들었습니다.

열 달이 지나 눈이 천지를 하얗게 덮은 어느 날 사임당은 아들 현룡을 낳았습니다. 셋째 아들인 현룡은 조선 중기 때 유학자이자 정치가로 잘 알려진 율곡 이이 선생이지요.

꼬마 예술가의 질문

율곡 이이 선생은 어떤 분이신가요?

조선 중기 1536년에 태어난 율곡 이이 선생은 퇴계 이황과 함께 16세기를 대표하는 유학자이자 정치가이기도 합니다. 호 율곡은 그가 살던 마을 이름을 따서 지은 것입니다. 1584년에 49세를 일기로 서울 대사동에서 생을 마쳤지요.

율곡 이이

신사임당과 율곡 이이 선생은 떼려야 뗄 수 없는 관계입니다. 사임당은 이이의 어머니이고 이이는 사임당의 아들이니까요. 그래서 사임당하면 율곡 이이 선생이 생각나고 율곡 이이하면 어머니 사임당이 떠오르지요.

그런데 단지 이 둘이 모자(母子) 관계이기 때문에 생각나는 걸까요? 그 이유는 두 사람 모두 훌륭한 우리 모두가 본받을 수 있는 위인이기 때문입니다.

그래서 율곡 이이 선생은 어머니 사임당을 다음과 같이 회상하기도 했습니다.

"어머니의 일생을 돌이켜 보면 현모양처 이전에 화가이자 여성에 대한 차별을 뛰어넘은 훌륭한 예술가였지요. 어머니는 가르치는 사람이나 부모가 아니라 함께 배우는 사람으로 저를 대하셨어요. 저에게는 교훈을 주는 스승이었습니다."

그만큼 사임당은 율곡 이이 선생에게 어머니이자 큰 정신적 선생이었습니다. 그래서 율곡 이이 선생이 훌륭한 대학자가 될 수 있었지요.

이이는 13세 때 진사 초시에 장원 급제해 시험관은 물론 부모와 주위 사람들을 놀라게 했습니다. 이이의 학문은 날로 깊어져 15세 때에는 이미 다른 사람에게서 더는 배울 것이 없을 정도였으며 유교 서적뿐 아니라 다른 여러 책까지도 통달하고 성리학을 깊이 연구했습니다.

그런데 얼마 뒤 일본이 심상치 않다는 소식이 들렸습니다. 일본이 곧 쳐들어올 거라는 안 좋은 소식이었지요. 임금은 곧 일본으로 통신사를 보냈습니다. 일본이 어떤 상황인지 궁금했지요. 그런데 통신사로 일본을 다녀온 김성일은 함께 갔던 황윤길과는 다른 말을 했습니다. "두려운 것은 섬나라 도적이 아니라 민심이다. 민심을 잃으면 성과 무기가 무슨 소용이 있겠는가?" 일본에 맞서 전쟁준비를 할 필요가 없다는 이야기지요. 하지만 이이는 10만 군사를 기르자며 10만 양병설을 주장했습니다. 그러나 이이의 주장은 받아들여지지 않았습니다. 그리고 1년 뒤 조총을 비롯한 신무기로 무장한 일본군이 조선을 침략했습니다. 무려 20만이 넘는 대군이었지요.

이처럼 율곡 이이 선생에게는 세상을 보는 날카로운 눈이 있었습니다. 학자이면서 정치가였던 율곡 이이 선생은 끊임없이 변동하는 세상을 보고 있었지요.

천재 아이, 현룡

시간은 빠르게 흘러갔습니다. 꽃같이 어여쁘던 사임당이 벌써 아이 다섯을 낳았습니다. 사임당의 이마에 주름이 하나둘 느는 것처럼 아이들도 무럭무럭 자랐습니다.

사임당은 아이들이 하루가 다르게 크는 것을 보며 하늘에 있는 신께 감사했습니다. 그리고 한편으로는 자신의 행동과 말에 조금 더 신경을 썼습니다. 천 마디 말보다 한 번의 행동이 더 중요하다고 여겼지요. 그만큼 사임당은 자식들 교육에 신경을 썼습니다. 또 많은 아이를 낳았음에도 자신이 좋아하는 글과 그림 공부를 한시도 게을리하지 않았습니다.

"어머니, 오늘은 무얼 그리시나요?"

큰딸 매창이 다가와 조용히 물었습니다.

"보이느냐, 이것은 딱정벌레고 이것은 맨드라미다."

신사임당이 붓을 놓으며 말했습니다.

"몇 번을 봐도 살아 있는 것 같습니다."

"네 눈에 그렇게 보이느냐?"

"그렇사옵니다, 어머니……. 어떻게 하면 어머니처럼 그릴 수 있을까요?"

"무엇이든 쉽게 지나치지 않고 꼼꼼히 살펴보면 되지."

사임당은 웃으며 매창의 머리를 쓰다듬었습니다.

"어머니의 그림에는 어머니의 마음이 있습니다."

"내 마음이라고? 그래, 어떤 마음이 보이느냐?"

"만개한 꽃도……, 천생연분처럼 서로를 알아보고 날아다니는 나비도 어머니의 마음으로 보입니다. 어머니의 마음을 제가 모두 헤아릴 수는 없으나 전 어머니의 그림 속에서 어머니의 소망을 보았습니다."

매창은 아직 나이가 어렸지만 마음 씀씀이가 깊었고 사임당과 마찬가지로 글과 예술에 관심이 많았습니다. 그래서인지 사임당이 혼자만의 시간을 보낼 때 조용히 곁에 있는 적이 많았지요.

사임당은 그런 매창을 기특히 여겼고 자신만의 시간을 큰딸 매창과 오붓하게 즐겼습니다.

막내인 현룡도 부모의 기대에 어긋나지 않게 잘 자랐습니다. 하나를 가르쳐 주면 열을 알았고 세 살 때부터 글을 읽고 쓸 줄 알았습니다. 그것만이 아니었습니다. 네 살 때는 중국의 역사를 간략하게 기록한 ≪사략(史略)≫이라는 책을 읽었고 일곱 살이 되었을 때는 어머니 사임당에게 사서를 배웠지요.

사임당은 드러내 놓고 기뻐하지는 않았지만 속으로는 오래전에 꾸었던 태몽을 생각하며 몇 번씩 고개를 끄덕였습니다. 자신의 기대가 어긋나지 않는 것이 한없이 기뻤지요.

하루는 현룡이 천자문을 읽고 있었습니다.

"하늘 천, 따 지, 검을 현, 누를 황……."

그런데 때마침 외가에 손님이 찾아왔다가 글을 읽고 있는 현룡의 모습을 보게 되었습니다.

"허어, 어린아이가 참 영리하구나……."

다른 집 아이라면 부모 품에서 응석을 부리고 놀 나이인데 현룡은 의젓하게 앉아 글을 읽고 있었지요.

"아가, 지금 읽고 있는 글이 어렵지 않으냐?"

손님이 수염을 만지며 말했습니다. 그러자 현룡이 빙긋 웃으며 대답했습니다.

"아닙니다, 너무 재미있어서 시간이 어찌 가는 줄 모르겠습니다."

"오호, 기특한지고! 그럼 다음은 무슨 책을 볼 생각이냐?"

"≪사자소학≫과 ≪추구≫ 그리고 ≪동몽선습≫을 읽을 것인데……, 가장 보고 싶은 책은 사서삼경이옵니다."

손님은 말없이 현룡의 이야기를 귀담아들었습니다. 영특하기도 했지만 점잖은 선비 같았고 또 말씨도 거침이 없어 현룡의 얼굴을 보며 이야기를 듣는 것만으로도 즐거웠지요.

"아가, 이것을 받아라."

손님은 이제 돌아갈 시간이 되어 도포 속에서 과일 하나를 꺼냈습니다. 잘 익은 붉은 석류였지요.

"공부가 다 끝나면 먹도록 해라. 앞으로도 지금처럼 글공부 열심히 하여라."

"고맙습니다!"

현룡은 손님이 가자 석류를 들고 외할머니에게 갔습니다. 혼자 먹을 수도 있었지만 웃어른에게 먼저 드리는 것이 옳은 것이라고 부모님께 배웠기 때문이지요.

"할머니, 이것 좀 드셔 보세요."

할머니는 평소와 마찬가지로 자수를 놓고 계셨습니다. 그런데 글공부를 하고 있던 현룡이 조막만 한 손에 과일을 들고 왔습니다.

"아니, 이건 어디서 났니?"

"조금 전에 오셨던 손님이 주고 가셨어요. 그러면서 저에게 글공부를 열심히 하라고 말씀하셨어요."

현룡은 빙그레 웃으며 말했습니다.

"오, 그러셨구나!"

외할머니는 석류를 먼저 먹지 않고 가져온 손자 현룡이 귀엽기도 했지만 똑똑한 손자에게 묻고 싶은 것이 있었습니다.

"현룡아, 그런데 네가 가져온 이 과일이 무엇인지 아느냐? 그리고 이것이 무엇과 닮았느냐?"

"네, 알고 있습니다, 할머니……, 은행각함단벽옥(銀杏殼含團碧玉)이고 석류피과파홍주(石榴皮裏碎紅珠)입니다."

다시 현룡이 거침없이 대답했습니다. 이 말의 뜻은 '은행은 껍질 속에 푸른 옥 덩어리를 갖고 있고, 석류는 껍질 속에 붉은 잔 구슬을 갖고 있구나.'라는 뜻이지요.

"역시 우리 손자가 맞구나, 맞아!"

이제 겨우 세 살인 손자 현룡의 대답에 할머니는 기쁘면서도 아이의 빛나는 영리함에 감동했습니다. 낮에 있었던 일을 어머니 이 씨에게 들은 사임당 역시 놀라기는 마찬가지였습니다.

"우리 현룡이가 똑똑한 줄은 이미 알고 있었지만 이 정도인 줄은 나도 몰랐지 뭐냐……."

"앞으로 아이들 교육에 더 힘을 쏟아야겠어요."

사임당은 잠든 현룡의 뺨을 가만히 어루만지며 대답했습니다. 사임당은 현룡의 천재성을 일찍부터 알고 있었습니다. 또 어린아이의 머리는 백지와 같다고 생각했기에 부모의 가르침으로 백지에 무엇을 그리는지가 중요하다고 생각했지요.

사임당은 한 번도 공부를 강요한 적 없이 마치 놀이를 하듯 글을 읽게 했습니다. 현룡이 나중에 조선을 대표하는 학자가 될 수 있었던 이유도 어머니 사임당의 교육에 대한 깊은 관심에 있습니다.

밖에서는 한 폭의 수묵화 같은 바다가 어둠 속에서 조용히 움직이고 있었습니다. 자수를 놓으면서 사임당은 생각했습니다.

'내일은 아이들과 바닷가에 나가야겠구나.'

아이들도 강릉 외갓집 앞에 있는 바닷가를 거닐며 도란도란

이야기부터 시작해서 명심보감 등 책 이야기를 자주 들려주었습니다. 그때마다 아이들은 눈을 반짝이며 귀를 열었지요. 사임당은 아이들이 이야기를 듣고 싶다고 할 때마다 성심성의껏 그 청을 들어주었습니다. 사임당 역시 이야기를 들으며 자랐고 이야기 속에서 상상력을 키울 수 있었거든요.

사임당은 현룡이 여덟 살이 되자 남편 이원수의 본가가 있는 파주로 이사를 했습니다. 현룡은 파주 임진강 언덕에 있는 화석정(花石亭)이라는 정자에 가기 좋아했는데 이곳 정자의 이름은 현룡의 증조부인 이명신이 지었지요.

하루는 사임당과 이곳에 소풍을 나왔다가 바위 곳곳에 핀 꽃을 보며 시를 지었습니다. 때는 벌써 겨울을 앞둔 가을이었지만 풍경은 여전히 아름다워 지나가는 나그네의 발걸음을 붙잡을 정도였지요.

"어머니, 이곳 풍경은 언제 봐도 감탄이 나옵니다."

현룡은 먼 산을 바라보며 말했습니다.

"그렇지, 나도 볼 때마다 새롭구나. 보아라, 바람은 차가워졌지만 아직도 꽃이 생생하지 않으냐. 만물이 이뤄내는 조화는 언제 봐도 정답고 또 정답구나."

사임당도 현룡과 함께 지는 해를 보며 말했습니다.
"그럼 어머니, 제가 시를 한 편 짓겠습니다."
"오, 좋은 생각이구나. 어디 한 번 읊어 보아라."
"혹 이상하더라도 놀리지 마세요."
"괜찮다, 네 실력을 한 번 보자꾸나."
현룡은 평소처럼 온화한 얼굴로 시를 읊었습니다. 도저히 어린 소년이라 말할 수 없을 만큼 진지한 얼굴이었습니다. 그 얼굴 한 편에는 사임당 어머니의 온화한 얼굴도 보였지요.

숲 속의 정자에 가을이 저무니
나그네의 정취는 끝이 없어라
먼 강물은 푸른 하늘에 잇닿아 있고
서리 맞은 단풍은 해를 보고 붉구나
산은 외롭게 둥근 달을 토하고
강은 만 리의 바람을 품고 있네
하늘 끝 기러기는 어디로 가는가
가을이 저무는 구름 속에서 울음소리만 들리누나

지금까지 전해져 내려오는 현룡의 시는 그 시대의 시인들도 놀라 감탄할 정도였습니다. 그렇게 학문의 깊이는 날로 깊고 넓어져 마침내 현룡은 십삼 세에 진사(進士) 초시에 합격했습니다. 시험관은 장원한 사람이 십삼 세의 소년이라는 사실을 알고 매우 놀랐답니다.

그 이후에도 현룡은 무려 아홉 번이나 급제했습니다. 그 바탕에는 현룡의 천재성도 있었지만 겉으로 보이지 않는 어머니 사임당의 뚜렷한 교육관이 자리 잡고 있었지요.

현룡은 나이가 찰수록 어머니의 가르침을 가슴속 깊이 새겼습니다. 뜻을 크게 가지고 성인을 본받으려 했으며 조금이라도 실력이 미치지 못하면 무던히 노력했습니다. 늘 말을 적게 했으며 마음을 바르게 잡기 위해 잡념을 끊고 열심히 공부했습니다.

욕심을 버리기 위한 노력도 현룡은 게을리하지 않았습니다. 욕심이 지나쳐 패가망신*하는 사람들을 많이 봐 왔고 욕심으로 채운 마음과 재물은 오래 가지 못하며 가족과 벗들을 다치게 한다는 것을 알고 있었기 때문입니다.

---

* **패가망신** : 집안의 재산을 다 써 없애고 몸을 망치는 것을 말합니다.

꼬마 예술가의 질문

사임당이 살았던 시기에 다른 나라에서는 어떤 일이 벌어지고 있었을까요?

사임당이 태어난 1504년 10월은 연산군이 나라를 다스리던 아주 어지러운 시기였습니다. 조선의 제10대 왕인 연산군(재위 1494~1506)은 많은 신진 사류를 죽이며 무오사화를 일으켰습니다. 자신의 어머니 윤 씨의 폐비에 찬성했던 윤필상 등 수십 명을 살해하기도 했지요. 그뿐만이 아닙니다. 경연을 없애고 사간원을 폐지하는 등 극에 달한 정치를 해 결국은 중종반정에 의해 폐왕이 되었습니다.

이때 유럽은 콜럼버스, 아메리고 베스푸치 등의 탐험에 힘입어 아메리카 대륙과 인도 그리고 남아프리카 등에 상륙해 침략을 준비하고 있었습니다. 또 레오나르도 다 빈치와 미켈란젤로

미켈란젤로의 〈다비드상〉

등이 〈최후의 만찬〉과 〈다비드상〉 등의 작품을 만들어낸 시기이기도 합니다.

　같은 시기 이탈리아에서는 이른바 문예 부흥이라 불리는 르네상스 운동이 일어났습니다. 또한 로마 교회가 돈을 내고 사면 여태 지었던 죄가 용서된다는 면죄부를 판매해 사람들의 원성을 사고 있었고 종교개혁의 목소리가 높아지고 있었습니다.

레오나르도 다 빈치가 그린 〈최후의 만찬〉

세월은 흘러

한양에서 좋지 않은 소식이 왔습니다. 사임당의 시어머님이 연로하셔 예전처럼 움직이지 못하신다는 이야기였습니다.

'어머님이 혼자 고생이 많으셨지······, 강릉 어머니도 소중하지만 시어머님도 같은 어머니시지. 이 기회에 좀 쉬게 해 드려야겠다.'

강릉에서 생활하던 사임당은 아이들과 함께 한양으로 올라가기로 했습니다. 홀로 남겨진 어머니 이 씨를 생각하면 가슴이 미어졌지만 시어머니를 지키는 것 역시 며느리의 도리였지요.

한양으로 온 사임당은 곧 새로운 살 집을 마련했습니다. 밤나무골을 오갈 수 있는 지금의 청진동과 수송동에 있는 한양 성 내 수진방이었습니다. 그러고는 홀로 계신 시어머니를 모셔 왔습니다. 그런데 얼마 뒤 이원수가 병을 얻었습니다. 며칠 동안 기력이 없더니 마침내 드러눕고 만 것이지요.

"큰일이구나. 며칠을 앓으셔 기운이 없는 데다 진지까지 못 드시고 있으니……, 좋은 약도 별 소용이 없는 것 같다."

사임당은 남편 이원수가 갑자기 병이 들자 깊은 걱정에 휩싸였습니다. 밤낮으로 간호했지만 별다른 소용이 없었지요. 아이들은 모두 아픈 아버지와 어머니 사임당을 보며 슬픔에 빠졌습니다.

"어머니, 아버지도 걱정이지만 저는 어머니도 걱정되옵니다. 매일 이렇게 아무것도 드시지 않고 계시면 어머니마저 쓰러질지 모릅니다."

큰아들 선이 걱정스레 말했습니다. 맏딸 매창도 사임당의 손을 잡고 간곡히 부탁했습니다.

"어머니, 지금이라도 눈을 좀 붙이세요. 그동안 저희가 돌아가면서 아버지를 간호할게요."

하지만 사임당은 손을 내저으며 말했습니다.

"내가 괜히 너희까지 걱정하게 했구나. 이제 그만들 각자 할 일을 하도록 해라. 간호는 나 혼자만으로도 충분하다. 그런데 현룡이는 어디 갔느냐?"

모두가 눈을 두리번거리며 현룡을 찾았습니다.

"계속 보이지 않긴 했는데……, 어디 간 거지?"

"그러게 말이야. 아버지까지 아프신데 성가시게 구는구나."

"제가 찾아보고 올게요."

형제들이 각자 한마디씩 하고 있을 때 안방 문이 살짝 열리면서 현룡이 들어왔습니다. 그런데 현룡의 얼굴빛이 좋지 않았습니다. 게다가 두 손에는 작은 사발을 들고 있었는데 마치 금덩이라도 든 것처럼 두 손에 꼭 쥐고 있었지요.

"아니, 얘야! 이 깊은 밤중에 어딜 갔었느냐? 모두가 걱정하고 있었느니라."

아무것도 모르는 사임당은 이제 열한 살이 된 막내 현룡을 꾸짖었습니다. 현룡은 움찔하더니 이내 사임당과 형제들 앞으로 다가왔습니다.

"어머니 그것이……."

"무슨 일이 생겼느냐?"

현룡의 손에 든 약사발을 본 사임당은 놀라 소리쳤습니다.

"아니, 이게 대체 무엇이냐?"

"아버지를 살리기 위해 제 팔에 상처를 내 피를 냈습니다."

"뭐라고?"

"오랫동안 사당에 들어가 아버지의 쾌유를 빌었지만 별 차도가 보이지 않아 제 팔을 찔러 나온 피를 사발에 받아 왔습니다."

형제들도 모두 놀랐지만 사임당은 말문이 막혀 그 무슨 말도 할 수가 없었습니다.

막내인 현룡은 이제 겨우 열한 살이었습니다.

사임당은 눈물을 흘리며 조용히 아이들을 방으로 보냈습니다. 그리고 다시 병간호에 매달렸습니다. 현룡의 지극한 효심을 보고 그동안 고단했던 몸과 마음이 다시 일어서는 것을 느꼈지요.

다시 며칠이 흘렀습니다. 오랜 병간호에 지쳐 기진맥진하련만 사임당과 형제들은 포기하지 않았습니다. 아버지가 분명 다시 일어서리라는 것을 굳게 믿고 있었지요.

긴 밤을 다시 새우고 아침이 되었습니다. 밤새 병간호로 지쳐 있던 사임당이 잠시 눈을 붙인 사이 이원수가 부스스 자리에서 일어나 앉았습니다.

"부인!"

목소리는 예전만큼 우렁차지 않았지만 이원수는 일어나 부인 사임당을 불렀습니다.

"아니, 어찌 이런 일이!"

사임당은 혼자 일어난 이원수를 보고 놀라 소리쳤습니다.

"아니, 왜 그렇게 놀라시오?"

"대감, 며칠 동안 사경을 헤매셨습니다. 기억에 없다는 말씀입니까?"

"내가 며칠을 누워있었단 말이오?"

"미음도 못 드시고 앓으셨습니다. 그래서 저와 아이들이 매일 대감 옆에 있었습니다."

"허, 내가 부인과 아이들에게 큰 고생을 시켰구려."

"현룡이가 대감을 살렸습니다. 사당에서 대감의 쾌유를 빌다 자신의 팔을 찔러 사발에 피를 담아 왔습니다."

"그게 사실이오?"

이원수 역시 놀라 할 말을 잃었습니다. 평소 아이들의 품행과 효심이 단정하고 깊은 것은 알고 있었지만 이 정도인 줄은 몰랐지요.

"내가 기이한 꿈을 꾸었소. 글쎄 꿈에서 신선이 나왔는데 우리 현룡이가 앞으로 동국의 큰 유학자가 될 것이라고 말하지 않겠소? 그리고 이름을 '구슬 옥(玉)' 자인 '이(珥)'로 바꾸라고 하셨소."

"동국에서 유학자가 된다고요?"

사임당은 깜짝 놀랐습니다. 동국이란 중국 동쪽에 있는 나라라는 뜻으로 조선을 뜻하는 말이에요. 어쩌면 신선은 현룡이 자신의 피를 뽑아 아버지께 드린 것을 알고 있었는지도 모르지요. 그날 이후로 현룡의 이름은 '이'로 바뀌었습니다.

사임당은 아직 잠에서 깨어나지 않은 아이들을 가만히 흔들어 깨우며 속삭이듯 말했습니다.

"얘들아, 아버지가 일어나셨다. 어서 문안을 드리고 같이 밥을 먹자꾸나."

막내 현룡은 어머니의 속삭임을 듣자마자 벌떡 일어나 소리쳤습니다.

"형님들, 누이들! 아버지가 일어나셨답니다!"

깊은 잠에서 깨어난 형제들도 제각각 일어나 안방으로 달려가며 말했습니다.

"아버지가 일어나셨어!"

"현룡아, 네 정성이 하늘에 통했나 보다!"

"아, 감사합니다……."

새벽부터 눈발이 흩날리고 있었습니다. 산도 들도 눈으로 덮여 사방 천지가 눈밭이었지요. 하지만 이원수의 집은 따뜻한 온기로 가득 채워졌습니다.

이원수는 다시 건강을 되찾았습니다. 하지만 사임당은 갈수록 몸이 쇠약해져 갔습니다.

사임당은 어렸을 때부터 몸이 병약했습니다. 그래서 식구들의 걱정이 이만저만 아니었지요. 사임당도 조금 더 건강한 몸을 갖기 위해 노력했지만 태어날 때부터 약했던 몸은 쉽게 회복되지 않았습니다. 게다가 혼례를 올린 뒤 아이들을 차례로 낳으며 아이들과 지내다 보니 몸은 점점 더 쇠약해져 갔지요.

가난한 시댁도 문제가 되었습니다. 남편 이원수는 마음속으로 부인 사임당을 아끼고 사랑했지만 변변한 벼슬에 오르지도 못했고 기울어져 가는 살림에도 별다른 관심이 없었지요.

사임당은 그런 형편 속에서도 아이들을 보살피는 일에 지극정성을 다했습니다. 틈틈이 자신이 좋아하는 글과 그림도 손에서 놓지 않았지요. 아무리 생활이 바쁘더라도 유일한 탈출구인 그림과 글을 포기할 순 없었습니다. 하루는 이가 말했습니다.

"어머니, 몸도 안 좋으신데 좀 쉬세요. 글도 그림도 좋지만 어머님 몸이 우선입니다."

의젓한 이의 말에 사임당은 빙긋 웃으며 대답했습니다.

"네 말을 들으니 기운이 나서 좋구나. 그런데 나는 이게 좋단다. 아무리 몸이 안 좋아도 내가 좋아하는 일은 포기할 수가 없구나."

이는 평소에는 쉬지 않는 한숨까지 쉬어가며 말했습니다.

"어머니, 제게는 어머니가 가장 소중한 분이십니다."

"아이를 낳고 잘 키우는 것도 중요하지만 내게는 학문과 그림 그리는 일 또한 중요하니라."

"네, 어머니……, 하지만……."

이는 사임당의 얼굴을 보고는 말을 아끼기로 했습니다. 어머니 사임당이 이렇게 말하는 이유는 고집이 아닌 어머니의 간절한 소망이자 바람이었던 것을 잘 알고 있었기 때문이지요.

사임당은 다섯 아이를 낳은 뒤 다시 두 아이를 낳았습니다. 병약한 몸으로 무려 일곱 아이를 낳았기에 사임당의 몸은 더 쇠약해져 갔습니다.

이른 새벽이었습니다. 문안을 드리며 온 여종이 난처한 얼굴로 말을 꺼냈습니다.

"마님, 진작 말씀을 드리고자 했는데 지금 고하게 되었습니다. 다름이 아니라……, 쌀독에 쌀이 떨어졌습니다."

"쌀이 떨어졌다고?"

놀란 사임당이 되물었습니다.

"빨리 말씀 드리려고 했는데……."

여종은 자신의 잘못도 아니건만 얼굴을 붉히며 대답했습니다. 허리끈을 졸라매며 살뜰히 살림을 했지만 쌀이 떨어진 것입니다. 빈 쌀독을 보며 사임당은 한숨을 쉬었지만 이내 마음을 고쳐먹고 여종에게 말했습니다.

"최 진사 댁 둘째 딸이 혼례를 한다는 소리를 들었다. 너는 지금 최 진사 댁에 가서 혼례 때 입을 옷을 마련하였는지 여쭈어라. 아직 마련하지 않았다면 내가 그 옷을 짓겠노라고 말이다."

여종은 화들짝 놀라 말했습니다. 다른 사람도 아닌 양반집 마님이 바느질을 한다니 놀랄 수밖에요.

"마님, 하지만 어찌 손수 마님께서 바느질을……."

"남의 물건을 도둑질하는 것도 아니고 정직하게 일을 해서 그 대가를 받고자 하는 것이 아니더냐. 부끄러워할 일이 아니니 걱정 말고 다녀오너라."

"네, 알겠사옵니다."

사임당의 아이들도 그랬지만 사임당의 집에서 일하는 하인들도 사임당을 가슴 깊이 존경하며 따랐습니다. 다른 양반집과는 다른 사임당의 태도 때문이었지요. 사임당은 하인들에게도 넉넉한 마음씨를 베풀었습니다. 잘못하면 엄하게 타일렀지만 이

내 다독여 주었습니다. 신분제가 분명했던 조선 사회에서 하인들에게 살갑게 대하는 양반집은 극히 드물었지요.

햇살이 좋은 어느 봄날이었습니다. 사임당은 오랜만에 남편 이원수와 함께 햇볕을 쬐며 도란도란 이야기를 나누었습니다. 남편 이원수도 부인 사임당의 곁에서 한가한 휴식을 취하고 있었지요.

"대감, 오늘은 제가 긴히 부탁드릴 말이 있습니다."

사임당은 평소처럼 온화한 미소를 지으며 말했습니다.

"허, 내게 부탁을요? 어떤 부탁인지 좀 들어 봅시다."

이원수는 '부탁'이란 말에 귀가 솔깃했습니다. 아무리 힘들어도 내색하지 않는 사임당이 자신에게 무엇을 부탁한다고 하니 궁금할 수밖에요.

"세월이 흘러 제 나이도 어느덧 마흔을 넘었습니다. 대감도 잘 아시다시피 제가 몸이 건강하지 못합니다. 그래서 하는 말인데 아무래도 전 대감보다 오래 살 것 같지 않습니다."

"무슨 해괴한 말이오. 이 좋은 날에!"

이원수는 불편한 마음을 그대로 드러냈습니다. 늘 장승처럼 묵묵히 집을 지켜 왔던 부인이 자신보다 먼저 죽는다는 말을 하니 불안하기도 했지만 속도 많이 상했지요.

"제가 질투가 많은 여인네라서 드리는 말씀이 아닙니다. 부디 제가 죽더라도 후처를 들이지 않았으면 합니다."

"뭐라고요? 후처를 들이지 말라고요? 그리고 부인이 죽지도 않았는데 왜 이런 이야기를 꺼내는 것이오?"

이원수는 다시 한 번 놀랐습니다.

"저는 대감을 오랫동안 모셨기에 잘 알고 있습니다. 대감이 사람을 좋아하고 외로움을 잘 타신다는 것을요. 하지만 제가 죽은 뒤에는 좀 참으셨으면 합니다. 물론 마음씨 고운 여인네들도 많지만 아직도 세상에는 극악한 여인들이 많습니다. 대감, 저는 제 소중한 아이들이 잘못 들어온 후처로 인해 고생하는 모습을 보고 싶지 않습니다. 그러니 ≪예기≫의 교훈을 어기지 마세요. 자식들을 잘 기르는 것이 부모의 책임이자 도리입니다."

평소 사임당이 자기 생각을 솔직하게 말하는 것은 알고 있었지만 이번 말은 뜻밖이었습니다. 대부분의 양반집 대감들은 본처가 죽으면 후처를 들였기 때문이지요.

"그럼 이 집 살림은 누가 한단 말이오?"

"아이들이 장성하였습니다. 늙은 대감을 모실 만큼 사리분별

도 하는 아이들입니다. 그러니 제 청을 꼭 기억하셔서 나중에 제 뜻을 들어주셨으면 합니다."

"어허……. 그럼 뭐 하나만 묻겠소. 모두가 성인이라 말하는 공자는 아내를 내쫓았는데 왜 그랬다고 생각하오?"

이원수는 고리타분한 이야기만 꺼내는 사임당이 못마땅했습니다. 그러자 잠시 생각을 한 사임당이 대답했습니다. 이번만큼은 제대로 이야기를 해서 자기 뜻을 이원수에게 전달하고 싶었지요.

"공자가 노나라 소공 때 난리를 만나 제나라의 이계란 곳으로 피난을 갔는데 그 부인이 따라가지 않고 송나라로 갔기 때문입니다. 그러나 공자가 그 부인과 같이 살지 않았다뿐이지 내쫓았다는 기록은 없습니다."

이원수는 거침없는 사임당의 말에 당황해 다시 물었습니다.

"그렇다면 증자가 부인을 내쫓은 것은 무슨 까닭이오?"

"증자의 부친은 찐 배를 좋아했습니다. 그런데 그 부인은 매번 배를 잘못 쪄서 부모를 공양하는 데 부족했습니다. 그래서 어쩔 수 없이 내보내게 된 것입니다. 그 이후 증자도 혼인한 예의를 존중해 새 장가를 들지 않았지요."

이원수는 여기서 질 수 없다는 생각에 이번에는 조금 더 큰 목소리로 물었습니다.

"그럼 주자의 집안 예법에는 이와 같은 일이 없었단 말이오?"

"주자가 마흔일곱 살 때 부인 유씨가 죽었습니다. 그리고 맏아들 숙은 아직 장가를 들지 않아 살림할 사람이 없었지만 주자는 다시 장가들지 않았습니다."

사임당의 말을 들은 이원수는 말문이 막혀 버렸습니다.

결국 이원수는 말없이 **곰방대***를 만지작거리며 먼 산을 바라보았습니다. 자신은 밖으로 다니며 아이들과 집안일은 거의 신경 쓰지 않았는데 사임당은 자신이 죽은 뒤의 일까지 걱정하고 있었다는 것이 미안하면서 한편으로는 부끄러운 마음이 들었지요.

"부인, 그런 걱정일랑 마시고 부인 몸이나 더 챙기도록 해요."

"그럼 제 부탁을 들어주실 거로 믿고 저녁 진지를 준비하겠습니다."

이원수는 일어서려는 사임당의 손을 잡고 말했습니다.

"조금 있다 먹도록 합시다. 오늘은 여기 내 곁에 앉아 그동안 못다 한 이야기나 나누도록 해요."

다시 바람이 불고 있었습니다. 사임당은 남편 이원수의 말을 듣고는 곁에 앉아 화단에 핀 꽃들을 보며 속으로 중얼거렸습니다.

'고맙습니다, 서방님……, 그리고 부디 저와 아이들을 위해 약속을 꼭 지켜 주세요.'

---

* **곰방대** : 담배를 피우는 데에 쓰는 짧은 담뱃대입니다.

하지만 이원수는 사임당이 죽은 뒤에 권 씨라는 젊은 후처를 들였습니다. 사임당의 간곡한 부탁도 소용이 없었지요.

새로 들어온 권 씨는 성격이 포악해서 이원수와 아이들을 오랫동안 괴롭혔습니다. 사임당이 걱정했던 일이 제대로 들어맞은 거지요.

권 씨 부인은 술을 무척 좋아했다고 합니다. 새벽부터 술을 마셔야 겨우 잠자리에 들 수 있었는데 조금만 비위에 거슬리는 일이 생기면 빈 독에 머리를 박고 소리쳐 운다든가 노끈으로 죽겠다고 소동을 벌이는 등 그 행패가 심했다고 합니다. 그래서 한때 이이는 집을 나갈 생각도 했지요.

하지만 형제들은 돌아가신 어머니와 다르지 않게 권씨를 대했습니다. 아침저녁으로 인사를 드리며 성심성의껏 모셨습니다. 돌아가신 어머니의 가르침을 다시 가슴 깊이 새겼지요. 또 이웃 모두가 성질이 포악한 권씨를 욕해도 오히려 권씨 편을 들며 말을 아꼈습니다. 모두 사임당의 가르침에서 나온 배움에서 비롯된 것이었지요.

결국 사임당의 자식들에게 감동한 권씨는 자신의 죄를 깊이 반성해서 사죄했다고 합니다.

꼬마 예술가의 질문

어머니와 아들이 나란히 화폐에 남겨지다?

 여러분은 신사임당과 율곡 이이 선생이 화폐의 주인공이라는 사실을 알고 계시나요? 게다가 신사임당은 지폐 중에서 가장 큰 오만 원권의 주인공이지요.

 신사임당은 많은 그림 중에서도 포도를 아주 잘 그렸습니다. 그래서 오만 원권에도 포도 그림이 빠지지 않고 들어갔습니다.

 오만 원권의 앞에 그려져 있는 〈묵포도도(墨葡萄圖)〉는 풍요를 상징하는 그림이라고 합니다. 그리고 그 밑에 그려진 〈초충도수병(草蟲圖繡屛)〉은 현재 보물 제595호로 지정되어 있습니다.

 뒷면에는 어몽룡의 〈월매도〉가 그려져 있습니다. 신사임당이 그

린 그림은 아니지만, 신사임당이 살았던 조선 중기 당시에 그려진 매화 그림 중 가장 빼어난 작품이라고 합니다.

그 위에 있는 그림은 〈풍족도(風竹圖)〉라는 이정의 작품입니다. 이정은 목죽화에 있어서는 조선 시대 3대 화가로 꼽힐 정도로 실력을 갖춘 화가입니다.

사임당과 율곡 이이 선생은 같은 집 오죽헌에서 태어났습니다. 그리고 율곡 이이 선생이 태어난 오죽헌의 '몽룡실'은 한국의 주택 건물 중 가장 오래된 건물 중 하나라고 합니다. 이 방이 '몽룡실'이라 불리게 된 이유는 신사임당이 꾼 용꿈 때문입니다. 그래서 이이의 어렸을 때 이름이 현룡이기도 했지요.

강원도 강릉시 죽헌동에 있는 오죽헌 몽룡실은 현재 보물 165호로 지정되어 있습니다.

　오천 원권의 뒷면에는 율곡 이이 선생의 어머니인 신사임당이 그린 〈초충도〉가 그려져 있습니다. 초충도는 원래 8폭의 병풍에 그려진 그림으로, 오천 원권에 그려진 것은 〈수박과 여치〉와 〈맨드라미와 개구리〉 2폭입니다. 현재 초충도는 강원도 유형문화재 제11호로 지정되어 오죽헌시립박물관에 소장되어 있다고 합니다.

이제 다 내려놓고

"부인, 부인!"

저녁 준비가 한창인 어느 오후였습니다.

대문 바깥에서부터 이원수가 도포 자락을 펄럭이며 집 안으로 들어왔습니다. 사임당은 남편 이원수의 다급한 목소리를 듣고 황급히 밖으로 나갔습니다.

"대감, 무슨 일이십니까? 대체 어떤 일인지 말씀해보세요."

그런데 이원수의 얼굴에는 웃음꽃이 만발해 있었습니다.

"아주 기쁜 소식이오. 내가 수운판관 벼슬에 오르게 되었소!"

"그게 사실입니까?"

"그럼 내가 농이나 하고 다닌단 말이오?"

"대감, 너무 잘되었습니다! 그동안 고생이 많으셨습니다!"

사임당은 너무도 기뻐 눈물이 날 지경이었습니다. 얼마 전 아들 이가 진사 초시 과거에 급제했는데 남편 이원수까지 벼슬을 얻게 되었으니 얼마나 기뻤을까요. 그야말로 집안에 겹경사가 난 것이지요. 이원수도 기쁘긴 마찬가지였습니다. 어린 아들도 급제를 했는데 자신은 쉰 살이 다 되도록 벼슬에 오르지 못해 자식들 보기에 민망했거든요.

"경사입니다. 정말 집안의 큰 경사예요!"

이제 사임당은 바랄 것이 없었습니다. 남편이 벼슬에 올랐으니 살림도 나아질 것이고 아이들도 이제 장성해 제 앞가림을 잘하고 있었으니까요.

"부인, 나도 이제 벼슬을 얻었으니 먹고 살 걱정은 없지 않소."

이원수가 호탕하게 웃으며 말했습니다.

"대감, 그동안 고생이 많으셨습니다. 하지만 여기서 머무르지 마시고 더 긴장하셔서 앞으로 정진하셔야 합니다."

사임당이 웃으며 말했습니다.

"알겠어요, 알겠어. 우선은 집부터 이사 갑시다."

"이사요?"

"우리 살림 좀 봐요. 얼마나 옹색하오. 벼슬을 얻었으니 이제는 좀 넓은 집으로 갑시다."

"대감 뜻이 정 그러시다면 그렇게 하도록 하지요."

얼마 뒤 가족은 지금 살던 수진 방에서 조금 더 넓은 집으로 이사했습니다. 수진 방은 대식구가 살기에 비좁았고 많이 낡았었지요. 사임당은 이사를 마치고 나서야 마음이 놓였습니다.

'아, 이제야 좀 안정이 되는 것 같구나.'

그런데 갑자기 이원수가 평안도 지방의 세곡을 한양으로 가져오라는 임금님의 명을 받게 되었습니다. 갑자기 결정된 출장에 이원수는 얼떨떨했지만 한편으로는 기분이 좋았습니다. 이제 비로소 제대로 된 일을 한다는 기쁨 때문이었지요. 이원수는 먼 길을 떠나기 전에 사임당에게 아들 선과 이를 데리고 가겠다고 했습니다. 사임당은 놀라 물었습니다. 이상하게도 불길한 예감이 들었지요.

"대감, 꼭 아이들을 데려가셔야겠습니까? 제가 마음이 심란해서 그러니 대감 혼자 다녀오시면 안 되겠습니까?"

하지만 이원수는 아들 선과 이를 데리고 가길 원했습니다. 한 번도 가보지 못한 넓고 새로운 세상을 자식들에게 보여 주고 싶었지요.

"무엇이 심란하단 말이오. 내가 아들 둘과 가니 얼마나 든든하오? 아이들도 좋아하고 있어요. 매일 한양에 있으니 얼마나 답답하겠소. 이 기회에 넓은 세상을 보고 올 수 있게 좀 허락해 주세요."

"다녀오는 데 얼마나 걸릴까요?"

"한 달이면 충분해요. 그러니 그동안 집에서 푹 쉬고 있어요. 우리도 무사히 잘 다녀오리다."

"그럼 몸 조심히 잘 다녀오세요."

"알았어요. 걱정하지 말고 부인 몸이나 잘 추스르고 있어요."

이원수의 간곡한 부탁에 사임당은 고개를 끄덕였습니다. 불안한 마음은 여전했으나 남편의 첫 출장을 기분 좋게 보내고 싶었지요. 이원수와 아들 둘은 다음 날 평안도로 떠났습니다. 사임당은 그런 그들의 모습을 오랫동안 지켜보며 팔을 흔들었습니다. 며칠이 지나도 떠나지 않는 불안을 가슴 속 깊은 곳에 숨긴 채 말이지요.

이원수가 떠난 지 며칠 뒤 사임당이 걱정했던 일이 벌어졌습니다. 그 일은 다름 아닌 사임당 자신이 자리에 드러눕게 된 것이었습니다. 사임당은 자신의 몸이 평소와는 다르다는 것을 느꼈습니다. 자주 앓긴 했지만 며칠을 푹 쉬고 일어나면 괜찮았는데 오늘은 그렇지 못했습니다. 열이 높아 미음은 물론이고 물도 제대로 마실 힘이 없었지요.

"어머니에게 가고 싶어도 갈 수가 없구나……, 대감과 아이들은 잘 지내고 있는지…….”

사임당은 자리에 누워서도 어머니를 그리워했고 출장을 간 이원수와 아이들을 걱정했습니다. 이런 사임당을 바라보는 맏딸 매창은 걱정이 이만저만이 아니었습니다. 하루가 다르게 어머니 얼굴이 잿빛으로 변했기 때문이지요. 하루는 사임당이 꿈에 돌아가신 조상님이 보인다는 소리까지 했기에 어서 빨리 아버지가 출장에서 돌아오길 빌었지요.

"얘, 매창아…….”

어느 날 사임당은 힘든 몸을 이끌고 목욕을 한 뒤 깨끗한 옷으로 갈아입고 누워 매창을 불렀습니다.

"말씀하세요, 어머니.”

매창은 병든 어머니를 보자 가슴이 찢어지듯 아팠습니다. 하지만 울음을 꾹 참고 대답했습니다.

"짐작하고 있겠지만 내 몸이 좋지 않구나. 그래서 하는 말이다……, 내가 없더라도 아버지를 잘 모시며 형제들과 잘 지내야 하느니라. 맏딸이니만큼 어깨가 무겁겠지만 네가 할 도리이니 잘 실천하도록 해라.”

"어머니, 그런 말씀 하지 마세요!"

결국 매창은 울음을 터트리고 말았습니다.

"울지 말아라. 아버지도 이제 벼슬을 얻었고 너희도 모두 장성하여 내가 큰 걱정이 없다. 그러니 슬퍼하지 말아라."

"아, 어머니……, 저희를 두고 떠나시면 저희는 어찌 살라고요!"

"울지 말래도!"

"어머니, 어머니 없이 저는 살 자신이 없어요!"

매창은 어린애처럼 도리질하며 울었지만 사임당의 얼굴은 평온하기만 했습니다. 얼굴 가득했던 걱정과 불안은 이미 사라지고 없었지요.

"슬퍼하지 말아라. 사람은 흙에서 태어나 흙으로 다시 돌아가는 법이다. 다만 한 가지, 너희 아버지와 선과 이를 보지 못하고 떠나니 마음이 편치 않구나……."

"아, 어머니!"

"매창아, 내가 한 말을 모두 기억하고 있어야 하니라……."

이 말을 마지막으로 사임당은 조용히 눈을 감았습니다.

사임당은 불과 마흔여덟이라는 한창나이에 생을 마감했습니다. 아직도 할 일이 많았고 또 하고 싶은 일이 많은 사임당이었지만 세상은 이를 허락해 주지 않았지요. 새벽이었지만 밖에는 평소보다 바람이 세게 불고 있어 매창과 형제들의 통곡 소리가 묻히고 있었습니다.

한 달간의 출장을 마친 이원수가 마을 입구에 들어서자 멀리서 하인 한 명이 이원수를 알아보고는 황급히 달려왔습니다.

"대, 대감마님!"

하인의 얼굴은 눈물로 얼룩져 있었습니다.

"아니, 무슨 일이냐? 집에 무슨 큰일이라도 생겼느냐?"

묻는 이원수도 옆에서 지켜보는 아들 선과 이도 마음이 초조했습니다.

특히 이는 평안도에서 어머니에게 드리려고 산 놋그릇이 불현듯 떠올랐습니다. 한양에 가까울 무렵 놋그릇을 손질하기 위해 상자를 열어보았는데 놋그릇 모두가 새파랗게 녹이 슬어 있었지요. 얼마 전까지만 해도 멀쩡했던 놋그릇이었는데 참으로 이상한 일이었습니다.

한양으로 오는 내내 이는 놋그릇 일을 잊어버리려고 애썼습니다. 불길한 생각이 머릿속을 떠나지 않았지요. 그런데 한강의 서강 나루터에 내리자마자 좋지 않은 소식을 듣게 된 것입니다.

"대감마님, 오늘 새벽에 마님께서 병환으로 돌아가셨습니다!"

"뭐, 뭐라고?"

이원수는 너무도 놀라 그만 소리를 지르고 말았습니다. 평소 사임당의 몸이 약한 줄은 알고 있었지만 자신이 없는 사이 세상을 떠나리라고는 꿈에도 상상하지 못했지요.

"아아, 어머니!"

선과 이도 통곡을 하며 집으로 들어섰습니다.

"아버님, 지금 오시면 어이 합니까……."

평안도에서 돌아온 아버지를 본 매창이 버선발로 뛰어 내려와 울음을 터트렸습니다.

"매창아, 어머니가 돌아가셨다는 게 사실이냐?"

이원수가 매창의 손을 잡고 물었습니다.

"아, 아버지! 어머니가 아버지를 얼마나 기다리셨는지 몰라요!"

매창의 울부짖음에 이원수는 그만 자리에 털썩 주저앉고 말았습니다.

한 달 만에 가족 모두가 한자리에 모였습니다. 하지만 그곳에는 한 남자의 아내이자 일곱 아이의 어머니였던 사임당은 없었습니다.

"어머니께서는 당신의 죽음을 예감하고 계셨나 봐요. 아버지와 이와 선이 집을 떠나고도 한참을 문밖에 서 계셨어요."

매창이 눈물을 흘리며 말했습니다.

"그래서 그렇게 말렸나 보다. 내가 조금만 더 살뜰히 살폈더라면……."

이원수도 가슴이 찢어지긴 마찬가지였습니다.

"어머니, 아! 어머니, 어찌 저희 형제를 두고 떠나시나요!"

이는 눈물로 범벅이 된 얼굴로 흐느껴 울었습니다.

일곱 남매는 향을 피운 제단 앞에 앉아 통곡하며 사임당을 그리워했습니다. 지금이라도 어머니가 자신들을 부를 것 같은 마음에 사임당이 거처하던 방이며 뜰을 바라보며 눈물을 지었지요.

꿈도 재능도 많았던 신사임당은 마흔여덟이라는 너무도 아까운 나이에 세상을 떠났습니다. 하지만 사임당은 그 짧은 생애를 살면서 너무도 많은 업적을 남겼습니다.

유교라는 남성주의로 이뤄진 조선 사회에서 사임당은 그 누구보다 당당한 삶을 살았습니다. 여자에게는 벼슬도 주어지지 않았던 시대에 스스로의 주인이 되어 자신이 이루고자 하는 삶을 살고자 노력했지요.

신사임당은 그 누구보다 섬세하고 여린 감성적인 여성이었습니다. 그랬기에 뛰어난 예술가가 될 수 있었지요. 또 한편으로는 남편과 아이들을 위해 온몸을 희생한 현모양처이기도 했습니다.

사임당은 덕수 이 씨의 선산인 파주 두문리 자운산 기슭에 묻기로 했습니다. 일곱 남매는 한양에서 파주까지 백 리 길을 걸었습니다. 그리고 파주에 도착해서 상여가 내려졌을 때 비로소 사임당은 쉴 수 있었습니다.

어디선가 향기로운 꽃내음이 났습니다. 일곱 남매는 갑자기 어두운 세상에서 빛이 밝은 세상으로 나온 기분이 들었습니다. 마치 어머니가 거닐던 뜰 안에 서 있는 느낌이었지요. 어머니의 마음처럼 고요했으며 편안했습니다.

매창과 이는 사방을 둘러보았습니다. 바람이 지나는 산과 들에는 버드나무의 푸른 빛이 한창이고 철쭉은 진홍빛으로 물들어 사방을 병풍처럼 에워싸고 있었습니다.

얼마나 울었는지 이제는 눈물조차 나오지 않는 이가 조용히 읊조렸습니다.

"어머니……, 이제는 푹 쉬세요. 부디 극락 세상 가셔서 누리고 싶었던 모든 것을 누리소서."

꼬마 예술가의 질문

신사임당과 같은 여자 위인은 누가 있을까요?

선덕여왕(?~647)

신라 27대 여왕인 선덕여왕의 이름은 김덕만이며 진평왕의 맏딸이었는데 아들이 없었던 진평왕의 뒤를 이어 632년부터 647년까지 왕의 자리에 있었습니다. 당시 귀족들은 여자가 임금이 된다는 것은 신라의 위상에 부끄러운 일이라 생각했습니다. 하지만 성골 출신이 임금을 해야 한다는 원칙을 내세워 덕만 공주는 아버지의 뒤를 이어 임금으로 즉위했지요. 선덕여왕은 김춘추와 김유신의 도움을 받아 어질고 평화로운 정치를 폈습니다. 왕의 권위를 세우면서 불법으로 나라를 다스리기 위해 황룡사에 거대한 탑을 세우자는 건의를 받아들여 황룡사 9층 탑, 분황사, 첨성대를 짓게 했습니다. 그 이후에도 선덕여왕은 자장 법사를 당

첨성대 : 신라 선덕 여왕 때 만들어진 천체 관측 기구

나라에 보내 불법을 들여오게 하는 등 많은 업적을 남겼습니다.

김만덕(1739~1812)

가난한 집에서 태어난 김만덕은 제주도에서 제주도 물품과 육지 물품을 파는 장사를 통해 큰 부자가 된 인물입니다. 그렇게 번 돈과 곡식을 기근에 시달리는 제주도민을 위해 내놓았지요. 만덕이 처음부터 부자였던 것은 아닙니다. 만덕은 장사를 하기 전 먹고 살기 위해 기생 생활을 했습니다. 사람들은 그런 만덕을 멸시했지요. 하지만 만덕은 과거에 얽매이는 속 좁은 여인이 아니었습니다. 불쌍한 이웃을 위해 자신의 전 재산을 내놓은 통 큰 여인이었습니다. 당시 임금이었던 정조는 만덕의 선행을 보고 만덕에게 '의녀 반수'라는 벼슬을 주었습니다. 여성으로서는 최고의 벼

김만덕

슬이었지요. 또 만덕의 업적을 칭찬하면서 소원을 물었는데 만덕은 주저 없이 금강산 구경이라고 대답했습니다. 바깥출입이 어려웠던 만덕은 다른 어느 것도 아닌 자유를 요구한 것이지요. 뛰어난 기업가이자 자신의 재산을 사회에 다 내놓은 만덕은 우리 모두가 충분히 본받을 위인이지요.

허난설헌(1563~1589)

조선 중기에 살았던 여류시인입니다. ≪홍길동전≫를 지은 허균의 누이이기도 한 허난설헌은 시(詩)를 짓는 데 있어 탁월한 재능을 보였습니다. 신사임당처럼 글과 그림 그리고 현모양처로 알려진 여인이 아닌 오로지 자신의 지은 시(詩)로서 그 이름을 남겼으며 훗날 그녀의 시는 중국과 일본으로 건너가 많은 사람에게 오랫동안 사랑받았습니다.

허난설헌